Louis GUIBERT

ANCIENS DESSINS

DES MONUMENTS DE LIMOGES

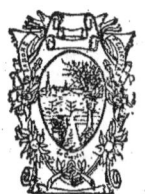

LIMOGES
IMPRIMERIE ET LIBRAIRIE LIMOUSINES
Vᵉ H. DUCOURTIEUX
Libraire de la Société archéologique du Limousin et de la Société Gay-Lussac
7, RUE DES ARÈNES, 7
—
1900

OUVRAGES DU MÊME AUTEUR :

Le Château de Châlucet (avec un plan). — Limoges, Sourilas-Ardillier, 1863 (2e édit., revue et augmentée, 1871).
Crucifixa. — Paris, Dentu, 1863.
Rimes franches. — Paris, Librairie centrale, 1864.
Dolentia. — Paris, Librairie centrale, 1865.
Légendes du Limousin. — Paris et Tournai, Casterman, éd. 1864, 1866 et 1876.
Limoges et le Limousin. — Paris et Tournai, Casterman, éd. 1868 et 1875.
Quelques notes sur la surveillance légale, lettre à un député. — Paris, F. Henry, 1870.
Les Employés de Préfecture. — Paris, F. Henry, 1870.
L'Assemblée du 8 février et la Loi électorale. — Lyon, Josserand, 1871.
Un Journaliste Girondin. — Limoges, Sourilas-Ardillier, 1871.
De la Grève, du Travail et du Capital, conférence faite à une Association ouvrière de Lyon, le 30 mai 1870 (extrait de la *Décentralisation*). — Lyon, Josserand, 1871.
Questions électorales. — Paris, E. Lachaud, 1871.
Notes de Voyage (Mauvais jours, Ex intimo, Poésies diverses). — Paris, E. Lachaud, 1872.
La Crise des subsistances et les emprunts de la période révolutionnaire à Limoges (extrait de l'*Almanach limousin*). — Limoges, Ve Ducourtieux, 1873.
Monuments historiques de la Haute-Vienne, rapport de la Commission de la Société archéologique et historique du Limousin (extrait du *Bulletin* de cette Société). — Limoges, Chapoulaud frères, 1874.
Assurances sur la Vie, notions pratiques. — Limoges, Ve Ducourtieux, 1876.
Une page de l'histoire du Clergé français au XVIIe siècle. Destruction de l'ordre et de l'abbaye de Grandmont. Carte des maisons de l'ordre. — Limoges, librairie Ve Ducourtieux, et Paris, librairie Champion, 1877. 1 vol. in-8° (*Épuisé*).
Rimes couleur du temps. — Paris, Dentu, 1877.
Sceaux et armes de l'Hôtel-de-Ville de Limoges. Sceaux et armes des villes, églises, cours, etc., des trois départements limousins. — Limoges, Chapoulaud, 1878.
Le Parti Girondin dans le département de la Haute-Vienne (extrait de la *Revue historique*). — Paris, 1878.
Les Pénitents (extrait de l'*Almanach limousin*). — Limoges, Ve Ducourtieux, 1879.
Les Confréries de Pénitents en France et notamment dans le diocèse de Limoges (avec un dessin). — Limoges, Ve Ducourtieux, 1879.
Coutumes singulières de quelques confréries et de quelques églises du diocèse de Limoges. — Limoges, Chapoulaud frères, 1879.
Anciens registres des paroisses de Limoges. — Limoges, Chapoulaud frères, 1881.
France ! chants, poèmes et paysages (avec MM. G. David, A. Hervo, P. Mieusset et A. Tailhand). — Paris, P. Ollendorff, 1881.
Les Hôtels-de-Ville de Limoges (extrait de l'*Almanach limousin*). — Limoges, Ve Ducourtieux, 1882.
Le Livre de raison d'Etienne Benoist (1426). Avec un fac-simile. — *Ibid.*, 1882.
L'Orfèvrerie limousine au milieu du XVIIe siècle (extrait du journal l'*Art*.) Paris, 1882.
Les Dettes de la ville de Limoges et le Conseil municipal. — Limoges, A. Ussel et G. Tarnaud, 1882.
L'Eau de ma Cave, deuxième lettre à la Municipalité et au Conseil municipal. — Limoges, A. Ussel et G. Tarnaud, 1882.
Le Tombeau de Guillaume de Chanac, à Saint-Martial de Limoges (extrait du *Cabinet Historique*). Paris, Champion, 1882. — Réédition, Tulle, Crauffon, 1883.
La Famille limousine d'autrefois, d'après les testaments et la Coutume. — Limoges, librairies Ve Ducourtieux et Leblanc, 1883.
Quelques notes extraites du Cartulaire d'Aureil. — Tulle, Crauffon, 1883.
Les Corporations de métiers en Limousin, et spécialement à Limoges (extrait de la *Réforme sociale*). — Paris et Limoges, Ducourtieux, 1883.

*à Monsieur Léopold Delisle
Hommage respectueux*

ANCIENS DESSINS
DES MONUMENTS DE LIMOGES

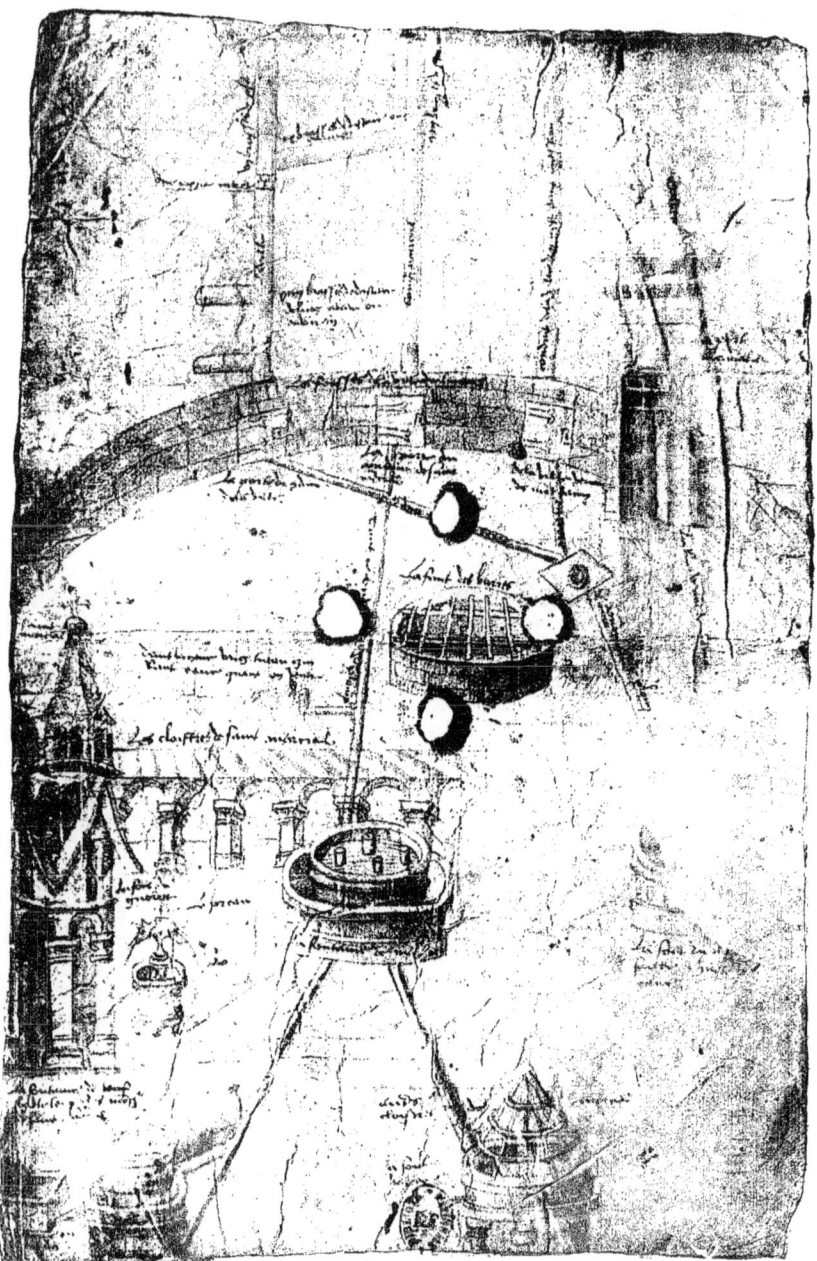

Plan des Fontaines, dit *Plan Regina*, XVIe siècle.

Louis GUIBERT

ANCIENS DESSINS

DES MONUMENTS DE LIMOGES

LIMOGES
IMPRIMERIE ET LIBRAIRIE LIMOUSINES
Vᵉ H. DUCOURTIEUX
7, RUE DES ARÈNES, 7

1899

ANCIENS DESSINS

DES MONUMENTS DE LIMOGES

Effet de la simple curiosité ou attrait né d'un sentiment plus élevé et procédant d'un ordre d'idées à la fois plus noble et plus complexe, le goût de l'archéologie s'est manifesté dans tous les temps, sous tous les cieux. Le présent s'est toujours enquis du passé et a donné à celui-ci, dans ses sollicitudes passionnées, une part au moins égale à celle qu'obtenait l'avenir. Pas plus qu'aux autres régions de la France, les « antiquaires », comme on disait autrefois, n'ont manqué à notre province. Ici, comme partout autour de nous, l'étude des vestiges des âges anciens a séduit plus d'un esprit distingué, conquis plus d'un cœur patriote. Ils sont légion, ceux qui précédèrent les fondateurs de notre Société archéologique et historique du Limousin dans la voie où elle aura marqué sa trace avec l'abbé Texier, Achille Leymarie, les deux frères de Verneilh — pour ne parler que des morts, — et, sans sortir de notre ville, la liste serait déjà longue des hommes qui ont travaillé à rechercher, à décrire, à conserver les monuments et les restes de toute sorte de l'antiquité.

Avant François Alluaud et Maurice Ardant, avant l'ingénieur Allou et J. Duroux, de Grossereix, dont les ouvrages, inspirés par la même curiosité du passé, sont cependant d'une méthode et d'un mérite si différents ; avant Juge de Saint-Martin et Guineau-Dupré, avant l'abbé Legros et le subdélégué de Lépine ; avant le laborieux curé de Teyjac, dont aucune de nos rues ne porte le nom, et le comédien Beaumesnil, qui, après avoir séjourné à plusieurs reprises à Limoges, au cours de ses tournées, y arrêta ses pas errants et y termina sa carrière ; avant Gaignières et Dom Col; avant l'official Le Duc et le communaliste-architecte Jean Cluzeau ; avant le chanoine Collin et le carme Bonaventure de Saint-Amable, avant Pierre Mesnagier et l'avocat Etienne Guibert, avant Razès et Bandel, avant Siméon Descoustures et Jean de Lavaud, bien d'autres, enfants de Limoges ou hôtes curieux de notre ville, avaient interrogé les débris de monuments qui gisaient sous l'herbe de nos faubourgs, noté les légendes et les récits des anciens, recueilli les pièces écrites de tout genre qui conservaient le dépôt de notre histoire et de nos traditions. Les noms de la plupart de ces précurseurs de notre œuvre ne nous sont pas connus, et c'est seulement par un hommage et un souvenir collectifs que peuvent se manifester à leur égard notre sympathie rétrospective et notre reconnaissance.

Les découvertes archéologiques semblent avoir été fréquentes, sur le sol de l'ancien Limoges. Les chroniqueurs de nos monastères, qui nous ont conservé tant de renseignements précieux sur les édifices et les œuvres d'art de tout genre exécutés par leurs contemporains, mentionnent, en plusieurs passages de leurs écrits, la mise au jour de restes des siècles antérieurs, au cours de travaux de déblai, de construction ou de réparation. Ce n'est pas seulement dans la basilique de Saint-Martial et ses annexes que la pioche des ouvriers heurte d'anciennes substructions, des tombeaux, des vestiges divers du passé ; dans l'église de l'abbaye de Saint-Martin, on trouve, en 1240 ou 1243, des sépultures et des débris intéressants. On peut citer encore, parmi les découvertes faites à une époque plus rapprochée de nous, celles opérées en 1613 à l'abbaye de Saint-Augustin lès Limoges, en 1631 aux Feuillants (ancienne abbaye de Saint-Martin) en 1655 aux Récollets, en 1672 aux Ursulines ; en 1749 au Séminaire, en 1757, 58, 59 à l'Evêché.

Mais nous ne pouvons douter que, pour beaucoup de raisons, les auteurs de la plupart des trouvailles de nature à exciter aujourd'hui notre curiosité, se soient abstenus de les faire connaître. Les moines chroniqueurs eux-mêmes ont dû ne s'attacher qu'à celles leur paraissant offrir de l'importance au point de vue des traditions pieuses ou de l'intérêt de leurs propres maisons. Des autres, nul n'a conservé le souvenir.

Quelquefois un événement fortuit, un sinistre, un accident révélait l'existence d'un monument oublié, ou mettait tout-à-coup sous les yeux de nos ancêtres, surpris et charmés, quelque œuvre délicate de l'art antique. Une de ces trouvailles, remontant, semble-t-il, aux premières années du seizième siècle, est mentionnée dans plusieurs ouvrages anciens. D'après le P. Bonaventure de Saint-Amable, elle aurait eu lieu en 1559 seulement : il y a des raisons pour croire qu'elle est très antérieure à cette date. Quoiqu'il en soit, l'historien de Saint-Martial rapporte que, cette année là, on trouva « dans la vigne de Gallichier », en construisant une plate-forme de terre devant la porte des Arènes, au petit cimetière, « une effigie si bien faite qu'on eût dit qu'elle venoit de sortir de la main d'un habile ouvrier ». Le même auteur parle d'une autre découverte opérée à la même époque sur un autre point : en creusant les fondations d'une tour — du côté de Saint-Gérald, semble-t-il, — on mit au jour « de la maçonnerie et quantité de mosaïque, ainsi que plusieurs monnoies très effacées à cause de leur antiquité (1). »

André Thévet a signalé la première de ces trouvailles ; mais d'après ce qu'il en dit, elle paraît avoir eu plus d'importance que ne lui en attribue le P. de Saint-Amable : il mentionne, en effet, plusieurs statues tirées des « fondements de certaines vieilles murailles voisines de la ville de Limoges ». Le géographe témoigne avoir vu lui-même, chez un de nos plus habiles émailleurs, « une petite idole de Mercure, massive, de cuivre, ayant les yeux d'argent », découverte « en fossoyant quelques vieux murs » et « autant bien élabourée que les anciens statuaires de Grèce ou de Rome eussent pu faire ». Le témoignage de Thévet s'accorde avec celui d'un poète du nom de Jean Lapointe (*Puncteius*) fort peu connu du reste, et dont les vers sur la capitale du Limousin ont été souvent cités :

> Transactis decies sex commemoratur ab annis,
> Inventas muro sublapso ædisque ruina,
> Relliquias ævi dantes miracula prisci :
> Illa senatorum effigies statuasque ferebant,
> Mercuriumque Scopæ fusum sive arte Perilli.

Cette statue n'est pas la même que celle dessinée par Tripon et figurant aux planches de l'*Historique monumental*. Ce dernier Mercure avait été trouvé, en 1824, à Sous-Parsat (Creuse). On ne sait ce qu'est devenu le bronze découvert à Limoges au cours du seizième siècle.

(1) *Histoire de saint Martial*, tome III, p. 788.

Le plus sûr moyen de sauver un monument de l'oubli et de le conserver à la postérité, c'est d'en fixer l'image à l'aide du crayon, de la plume ou du pinceau. Les plans, les dessins surtout, qui reproduisent avec précision les moindres détails tout en donnant l'aspect général de l'objet, constituent sans contredit une portion notable du patrimoine archéologique. Ces fragiles reproductions, qu'on peut si aisément multiplier et dont les copies vont au loin enrichir les collections des musées et des bibliothèques, se gardent souvent intactes, alors que les monuments eux-mêmes, soumis aux injures du temps et aux malfaisants caprices des hommes, subissent mille détériorations, tombent en ruines, parfois disparaissent de la surface du sol au point qu'on ne saurait retrouver avec certitude leur emplacement. Même parmi ceux qui subsistent, combien de vestiges intéressants du passé, dont la physionomie s'est altérée au point de devenir méconnaissable, et que, grâce à un croquis, à un plan, nous pouvons admirer dans leur imposant aspect, dans la magnificence et l'harmonie de leur ensemble, dans la richesse de leurs détails, comme les ont vus, il y a des siècles, leurs contemporains !

Les amateurs d'archéologie : savants, artistes ou simples curieux, qui nous précédèrent sur le sol de notre Limousin, n'ont pas manqué au devoir de transmettre à leurs successeurs l'image des débris de l'antiquité qu'ils avaient sous les yeux. Par malheur, le nombre des dessins de ce genre remontant à une date antérieure à la Révolution et parvenus jusqu'à nous est des plus restreints. Nous avons essayé d'en dresser un catalogue en nous limitant exclusivement aux croquis, plans et peintures qui se rapportent aux monuments de Limoges et de sa banlieue. C'est l'objet de la présente notice.

Aucune de ces reproductions n'est antérieure au seizième siècle. On n'a jamais relevé, dans les manuscrits de nos bibliothèques ou de nos archives, ni miniature ni croquis à la plume appartenant à une époque plus ancienne, et dont l'auteur paraisse avoir eu positivement en vue la reproduction d'un édifice ou d'un objet d'art existant (1). A cet égard, les peintures si curieuses que renferment les

---

(1) Nous ne parlons ici que des monuments de Limoges même. Une miniature du *Speculum Grandimontis*, conservé dans la bibliothèque de MM. les Sulpiciens du Séminaire de Limoges, représente la châsse de saint Etienne de Muret portée par deux évêques. Nous avons reproduit cette figure dans notre étude sur l'*École monastique d'orfèvrerie de Grandmont*. Le manuscrit appartient aux dernières années du douzième siècle ou aux premières du suivant.

ouvrages provenant de l'abbaye de Saint-Martial et conservés à la Bibliothèque nationale ne nous ont rien fourni de précis, et les opinions qu'on pourrait émettre au sujet de deux ou trois de ces figures ne reposeraient sur aucune donnée sérieuse. Aux archives de la Haute-Vienne, une curieuse pancarte enluminée, portant la date du 23 juin 1481 et destinée à servir de titre à un quêteur envoyé en Espagne, représente l'intérieur de deux édifices : on a voulu y reconnaître les salles principales de l'abbaye et de l'hôpital de Saint-Martial : mais l'hypothèse est tout à fait gratuite. Tout porte à croire que l'imagination de l'artiste a seule fait les frais de ces peintures, du reste fort intéressantes. Il faut en dire autant des monuments représentés sur les plaques de nos émailleurs : dans aucune des cités qui se profilent aux horizons du leurs tableaux, même dans les scènes où la ville représentée au dernier plan est certainement Limoges (comme par exemple dans certains épisodes de la vie de saint Martial ou de sainte Valérie), nous n'avons noté d'édifices dont les lignes principales rappellent d'une façon tant soit peu fidèle celles des édifices contemporains de l'artiste.

Enfin, nous estimons qu'on ne peut tenir aucun compte des indications données par Beaumesnil et Tripon sur l'ancienneté de certains dessins : par exemple de l'attribution, par l'auteur de l'*Historique monumental*, au « quinzième siècle », d'une vue du Château de Limoges qui est tout bonnement une copie arrangée du plan de Fayen, — et de la mention, par le même, d'un « dessin du treizième ou quatorzième siècle (1) », d'après lequel Beaumesnil aurait exécuté son croquis du fameux « temple sphérique gaulois ».

I (n° 1). — La plus ancienne pièce qui nous conserve la silhouette, sinon l'image fidèle et complète, de quelques monuments de notre ville, est un plan sans date, mais dressé, on ne saurait en douter, à l'occasion des différends auxquels donna lieu, entre l'abbaye de Saint-Martial et la ville, au cours des dernières années du quinzième siècle et des premières du suivant, le partage des eaux alimentant les diverses fontaines du monastère et deux des fontaines publiques du quartier des Combes : celle dite des Barres et celle du Chevalet. On trouve à nos Registres Consulaires le texte de la transaction qui termina le procès et qui porte la date du 1er décembre

---

(1) *Historique monumental de l'ancienne province du Limousin*. Limoges, Martial Darde, 1837, p. 20.

1508. Nous avons, il y a plus de vingt ans, signalé à l'attention des érudits ce curieux document, qui est aujourd'hui conservé à la bibliothèque de la Société archéologique et historique du Limousin et qui semble avoir appartenu à M. Allou. Il est sur papier, doublé d'un parchemin, et mesure 0m,394 sur 0m,272. Toute la partie de droite a été lacérée.

Le plan en question est en réalité une vue cavalière, non-seulement représentant une portion assez étendue du circuit des murailles du « Château de Limoges » et le trajet des corps de conduite qui alimentent sept fontaines, mais encore donnant le dessin, plus ou moins exact, des appareils extérieurs de ces fontaines, celui du clocher de la basilique et du cloître de l'abbaye, l'aspect enfin de la tour de Montmailler, sous laquelle s'ouvrait une des principales portes de l'enceinte. On lit, au revers, la mention : « C'est la figure dez dohactz dez fontaines », avec la signature : *P. Regina*.

Les fontaines figurées à ce plan sont d'une part : 1° « la font des Barres », représentée par un bassin cylindrique recouvert d'une sorte de grille probablement en bois, posée à plat, d'où son nom ; 2° celle connue dès le treizième siècle sous la dénomination de *Fontaine de Constantin* et décorée d'une statue équestre : elle devait à cette figure d'être désignée par le peuple sous le nom de « font du Chevalet » qu'elle porte à notre document (on n'en aperçoit que la partie inférieure, le reste a été déchiré) ; — d'autre part : 3° « la fontaine de marbre », qui ornait l'ancien cloître, abandonné par les religieux dès la première moitié du treizième siècle et devenu le marché au blé du Château ; celle-ci occupant le milieu de notre plan, et figurée avec une vasque et plusieurs mascarons indiquant sans doute des bouches ou jets d'eau ; 4° la « Font barrée », portée sur plusieurs piliers bas et recouverte d'une grille ayant l'aspect d'un chapeau conique, celle-ci dans les nouveaux cloîtres ; celles 5° des cuisines du couvent, simple robinet avec bac rectangulaire au-dessous ; et 6° du « Gorret », cette dernière surmontée de l'image trop naïve d'un petit animal donnant de l'eau par deux orifices opposés ; 7° enfin une fontaine avec vasque, dont la désignation est illisible (1) et dont le reflux paraît fournir l'eau à la bouche des cuisines ou *vice versa*. Serait-ce celle dont parle quelque part l'abbé Legros et à laquelle le peuple avait donné la dénomination incongrue de « Fontaine des deux culs », à cause de deux bustes (d'abbés, croyait-on) qu'on avait placés là, dos à dos. Cette dernière était « dans la petite place, devant le grand grenier ». Peut-être

---

(1) Nous lisons : *La Fontaine de Balteser... p.tes Monsieur St Martial.*

encore l'architecte auteur de notre plan a-t-il voulu représenter la « fontaine Jaumar ou d'Enfer *(la Fon d'Iffern)* qui appartenait au même groupe.

La fontaine du Chevalet et celle des Barres, seules, étaient propriétés municipales : elles ne se trouvaient alimentées qu'en partie par les sources communes à l'abbaye et à la population : leur débit était augmenté par d'autres eaux qui étaient la propriété exclusive du Consulat et dont les corps de conduite sont aussi figurés au plan.

Le dessin *du cloître, fort sommaire,* n'indique aucun détail à retenir ; les arcades sont à plein cintre, basses et lourdes d'aspect. Or, ce cloître, refait au treizième siècle, était au contraire riche et élégant.

La figure du clocher est plus soigneusement exécutée et offre plus d'intérêt. Soit dans le seul but de diminuer son travail, soit afin d'éviter que la tour, trop haute, ne cachât le tracé d'une partie des tuyaux de conduite, objet principal de son dessin, l'architecte, sur les cinq étages du clocher, en a supprimé deux ; mais il n'a pas fait cette amputation à la légère : les trois qu'il a conservés sont les plus caractéristiques du monument : celui du bas, avec ses cintres étroits et ses piliers massifs ; le troisième étage, avec ses frontons si typiques et les fenêtres en retraite s'ouvrant entre leurs pignons ; enfin l'étage supérieur, avec la flèche qui le couronnait autrefois.

La tour Montmailler paraît avoir été également *abrégée* par le dessinateur : on n'y aperçoit aucune fenêtre. La porte est haute et étroite ; on voit, dépassant la voussure, le bas de la herse, qui est levée. La toiture quadrangulaire repose sur un couronnement solide de mâchicoulis ; le faîtage est surmonté de deux épis.

Nous donnons le plan de Regina sous le n° 1 des planches hors texte qui accompagnent ce travail.

II (n°˙ 2 et 3). — Le premier registre de la série dite des « Registres consulaires de la ville de Limoges » BB 1, aux archives de la mairie (hauteur 0ᵐ,411 : largeur 0ᵐ,291), offre deux dessins assez curieux, contemporains des textes qu'ils accompagnent. Le premier (n° 2 de notre catalogue), se voit dans la partie inférieure de la marge du *folio* 105 v°. C'est un croquis de la *fontaine du carrefour de Saint-Pierre* : une vasque, « une tasse », comme disaient nos pères, élevée sur une colonne torse, laisse échapper l'eau par un certain nombre de « mufles ». — Le dessin, qui représente le tiers environ de la circonférence, marque quatre orifices : ce qui donne à penser qu'on en comptait une douzaine. L'eau, qu'un conduit droit, évasé, paraissant ornementé, verse dans la tasse, tombe dans un grand bassin cylindrique à décor cotelé. Le dessin lui-même n'a pas plus de 66 millimètres sur 57 ; il est accompagné de la légende : « le dohat de la fontaine de St-Pierre deu Queyroy », et a été tracé en regard du texte d'une sentence rendue, le 16 octobre 1534, par le juge civil des Consuls, pour obliger les propriétaires à arracher les racines et souches des *vimières* (oseraies) au dessus du conduit des eaux qui alimentaient cette fontaine.

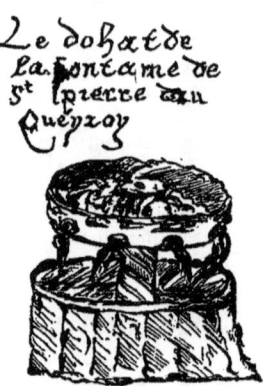

La Font Saint-Pierre (n° 2)

La seconde figure (n° 3 de notre catalogue), d'une exécution beaucoup *moins grossière*, a été dessinée au folio 111 recto ; elle conserve tant bien que mal l'aspect de l'hôpital de Saint-Martial, avec sa large porte à plein cintre ouvrant sur une grande salle, laquelle paraît occuper tout ou presque tout le rez-de-chaussée. On voit, par cette ouverture, le mur du fond percé d'une porte et d'une fenêtre cintrées. Sur la façade, à droite de la grande porte, une fenêtre grillée ; une autre dans le pignon de droite, dont la perspective est figurée. Toutes les ouvertures de l'étage inférieur sont de simple baies, lourdes, irrégulières et sans ornements. Le premier *étage compte deux fenêtres sur la façade et deux sur le pignon* : celles-ci plus élégantes et formées chacune de deux ouvertures accouplées, dont la voussure accuse toujours le style roman. Une porte basse, ouverte au ras du sol, sur la droite, indique l'entrée des caves, tout au moins d'un cellier ou d'un bûcher. Un petit campanile, avec sa cloche, surgit de la toiture. Des deux côtés de la porte principale, des statues, qui animent un peu l'austère façade : à gauche, dans une niche de style ogival, une figure qui semble être une Vierge, probablement une *Pieta*. On constate, en 1372, l'existence d'une confrérie de la Sainte-Vierge à l'hôpital de Saint-Martial, sous la dénomination de *Notre-Dame-de-l'Aumône*; la chapelle de l'établissement, rebâti comme on sait dans les premières années du treizième siècle, était du reste sous l'invocation de la mère du Sauveur. — A droite, sous une arcade à plein cintre, nous distinguons deux personnages, dont un paraît revêtu des ornements épiscopaux. Peut-être le groupe qui figurait sous cette arcade était-il celui-là même que l'artiste nous montre au premier plan de son dessin : saint Martial, avec la mître et la crosse, sainte Valérie décollée, soutenue par un ange et présentant sa tête à l'apôtre d'Aquitaine : enfin, un peu en arrière, le « duc Etienne », la tête couverte d'un chaperon, ceinte d'une couronne perlée et un sceptre à la main. La scène occupe toute la largeur du feuillet, sauf la marge, environ 240 millimètres sur une hauteur de 83 ou 84.

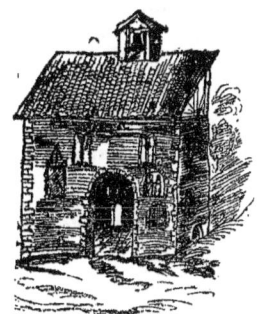

Hôpital St-Martial (n° 3)

Ce dessin, ouvrage peut-être d'un des peintres qui ont décoré le manuscrit dont nous allons parler sous le n° IV, a été tracé à la suite de l'acte de nomination des premiers bailes de l'hôpital Saint-Martial, choisis en vertu d'une transaction du 3 décembre 1534 entre les Consuls et l'Aumônier du monastère, homologuée par le Parlement de Bordeaux le 25 janvier suivant.

Au dessous du petit tableau, se lit l'extrait d'un vieux manuscrit de l'abbaye de Saint-Martial, rappelant la fondation de l'hôpital et les libéralités de sainte Valérie et de Tève le Duc.

Les éditeurs des *Registres consulaires* ont donné la reproduction très exacte des deux dessins que nous venons de décrire (tome I de la publication. Limoges, Chapoulaud frères, 1867, p. 238 et 253).

III (N° 4). — Devons-nous comprendre dans notre catalogue la grande miniature qui forme le frontispice du terrier de la Confrérie des *Pauvres à vêtir*, bel in-folio en parchemin de 468 millim. sur 342, appartenant à l'hôpital de Limoges, établissement auquel furent unis les revenus de notre très ancienne *charité?* Ce précieux spécimen du talent de nos peintres-écrivains, qu'on trouve au folio 8 recto du registre en question — coté B³ à l'inventaire dressé par M. Alfred Leroux, — représente les bailes de l'association, distribuant des vêtements à des miséreux, sous une sorte de vestibule de style roman, qui pourrait bien n'être pas un édifice de fantaisie et dont les lignes rappelleraient, avec une fidélité plus ou moins entière, l'aspect du local où avaient lieu au seizième siècle ces distributions. Nous faisons figurer ici, sous toute réserve, ce tableau, sous lequel on lit la date de 1535, et dont la planche n° 18 de l'*Art rétrospectif à l'Exposition de Limoges de 1886*, de MM. Louis Guibert et Jules Tixier (Limoges, Vᵉ Ducourtieux, 1887-1888) donne un croquis.

Le local représenté serait soit le vestibule de l'Hôtel-de-Ville, soit celui de l'Hôpital St-Martial ou mieux encore de l'Hôpital St-Gérald.

IV (nᵒˢ 5 à 29). — Les figures que renferme le registre de la Confrérie du Saint-Sacrement de Saint-Pierre (331 mill. sur 248), aujourd'hui aux archives municipales, où il est catalogué sous la cote GG 204, se rapportent surtout aux objets mobiliers, aux pièces d'orfèvrerie notamment, exécutés aux frais de cette association, pour son trésor, par des artistes de Limoges, dans les derniers temps seulement commandés à Paris. Mgr Barbier de Montault a, dans le tome XXXV (p. 139) du *Bulletin de la Société archéologique et historique du Limousin* (1), publié le relevé des enluminures contenues dans ce beau volume, dont M. Paul Ducourtieux a également donné la description. Ces enluminures sont au nombre de vingt-sept, tant chiffres, initiales et emblèmes que pièces du trésor. Nous ne retiendrons ici que ceux de ces dessins dont l'objet rentre dans le cadre de notre catalogue. Ce sont : fol. 35 r°, le « pilier du grand candélabre d'airain, 1558 (n° 5 de notre liste) ; fol. 51 v°, un bénitier argenté, 1566, dessin de Pierre Raymond (n° 6) ; fol. 54 v°, navette d'argent, 1568, dessin du même (n° 7) ; fol. 67 r°, le grand candélabre, 1574, dessin de « Mʳᵉ Anthoyne, peinctre », probablement l'émailleur Antoine Terrasson (n° 8); fol. 70 v°, bourdon exécuté par l'orfèvre Jean Yvert, en 1575, dessin de Pierre Ray-

---

(1) *Les inventaires et comptes de la Confrérie du Saint-Sacrement de Saint-Pierre, à Limoges.*

mond (n° 9) ; fol. 74 r°, le candélabre « comme il a esté mis et posé devant le grand autel, » 1576, (n° 10) ; fol. 79 v°, le candélabre avec « les chandelliers et enrechissemens » ajoutés par le fondeur Rolland, 1579, (n° 11) ; fol. 82 v°, panonceau d'argent, 1580, dessin d'un Limosin (n° 12) ; fol. 85 r°, pilier du candélabre, 1581, (n° 13) ; fol. 144 r°, encensoir, exécuté par l'orfèvre Pierre Guibert, 1599, (n° 14) ; fol. 151 r°, croix processionnelle d'argent doré, exécutée par l'orfèvre Jean Veyrier, 1600, (n° 15) ; fol. 182 r°, croix à double traverse « accomodée par Texendier, » 1624, (n° 16) ; fol. 188 r°, vitrail, 1630, (n° 17) ; fol. 189 r°, calice, 1630, (n° 18) ; fol. 197 r°, « canettes (burettes) et plat bassin d'argent », exécutés à Paris, 1636, (n° 19) ; fol. 201 r°, voile de calice, fait par Joseph Ruaud, maître brodeur, en 1639, (n° 20) ; fol. 206 r°, deux chandeliers, 1641, (n° 21) ; fol. 220 r°, chandelier (n° 22) ; fol. 220 v°, autre chandelier (n° 23) ; fol. 221 r°, autre (n° 24) ; fol. 221 v°, autre (n° 25) ; fol. 222 r°, autre (n° 26) ; fol. 222 v°, autre (n° 27), ces six chandeliers exécutés en 1684 ; fol. 228 r°, custode d'argent fabriquée à Paris, peinture de Nillaud (n° 28) ; fol. 231 r°, deux burettes, 1661, (n° 29).

Les dessins de quelques-unes de ces miniatures ont été publiés ; ceux des n°s 10 (le « candélabre » en 1576) et 11 (le « candélabre » avec son complément en 1579) accompagnent l'étude de Mgr Barbier de Montault. Nous avons donné un mauvais croquis du bourdon de Jean Yvert (n° 9) dans notre notice sur l'*Orfèvrerie et les orfèvres de Limoges*. Limoges, V° H. Ducourtieux, 1884. Une meilleure reproduction de cet intéressant objet et des dessins de l'encensoir de Pierre Guibert (n° 14) et de la custode de 1658 (n° 28) figurent aux planches XIX, XX et XXI de l'*Art rétrospectif à l'Exposition de Limoges*, déjà mentionné.

V (n° 30). — Nous ignorons si l'original d'un curieux dessin représentant ce qui restait de l'amphithéâtre de Limoges en l'année 1591, doit être considéré comme définitivement perdu. Ce croquis, exécuté à la plume avec une encre roussâtre, et lavé grossièrement au bistre, représentait, dit M. Allou, « quelques piliers en ruines, couverts de gazon, disposés sur une courbe ovale », et portait au verso ces mots : « Vestige de notre arene, en mil cinq cent nonante et un ». Beaumesnil le copia et en aurait envoyé, s'il faut en croire M. Juge, cité par l'auteur de la *Description des monuments de la Haute-Vienne* (p. 61), des reproductions à l'Académie des Inscriptions en 1780. Nous croyons reconnaître ce dessin dans la figure de la page 384 des *Essais historiques sur Limoges*, de l'abbé Legros, dont nous parlerons ci-après sous un de nos derniers numéros.

Toujours celle-ci se rapporte-t-elle exactement aux indications fournies par M. Allou. Néanmoins Legros la donne comme étant la copie d'un dessin de 1593. Nous n'avons jamais trouvé trace que d'une seule vue des Arènes portant cette date, celle dont on relèvera la mention plus loin, sous le n° 34 : or, la description que nous avons de cette dernière s'oppose à ce qu'elle soit identifiée avec le croquis dont il s'agit. C'est du monastère des Feuillants que provenait le dessin de l'Amphithéâtre, comme les suivants. Beaumesnil l'a reproduit dans son second cahier, p. 19 (Allou, p. 61).

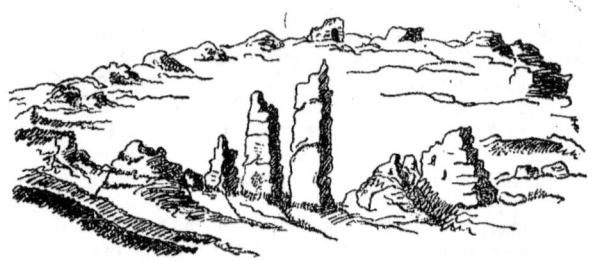

L'Amphithéâtre de Limoges en 1591
(dessin donné à tort par Legros comme une vue de 1593 (n° 30)

VI (n°ˢ 31 à 33). — Un certain nombre de dessins étaient conservés, au XVIIIᵉ siècle, dans le *monastère des Feuillants de Limoges* (ancienne abbaye de Saint-Martin). Plusieurs portaient la date de 1593. Ces croquis, s'ils existent encore, sont sans contredit les reproductions les plus intéressantes et les plus précieuses qui nous restent des édifices antiques de notre ville, et les seuls documents sérieux qui viennent appuyer de données précises les récits (d'allures si suspectes) de nos annalistes, tout en commentant fort utilement les découvertes d'une certaine importance faites depuis le début de ce siècle dans la région comprise entre la place de la Mairie et la place des Jacobins d'une part, le pont Saint-Martial et la Roche-au-Gué de l'autre. Nous ignorons à qui on doit ces vues, et nous n'osons pas espérer qu'on en retrouve les originaux. Il est même vraisemblable que les copies que nous possédons ne sont pas d'une absolue fidélité, car elles ont été exécutées par Beaumesnil. Nous aurons plus loin à dire quelques mots du personnage ; il passe pour avoir souvent sinon inventé, tout au moins traduit, arrangé, embelli, accommodé au goût de son imagination et au caprice de ses souvenirs les monuments dont il nous a laissé le dessin. Nous nous arrêterons néanmoins à étudier avec quelque attention ces documents qui, nous le répétons, présentent, à raison de leur date et aussi à cause de la complète disparition des restes dont ils conservent l'image, un intérêt tout particulier.

Beaumesnil nous apprend que ces dessins étaient, avec d'autres d'une date plus récente, entre les mains du « Reverend Pere Sellerier Feuillant du monastère de la ville de Limoges ». Celui-ci les communiqua à l'archéologue au cours de l'année 1747 et lui permit d'en prendre copie. Beaumesnil, qui brossait lui-même les décors de son théâtre, peignait alors, pour le couvent, « une perspective au bout du dortoir » des religieux.

— « Ces desseins, dit le comédien, etoient à la plume, lavés d'un bistre verdâtre, un peu plus étendus en grandeur que je ne les donne. » Il les a insérés dans le texte de son premier cahier, dont une partie est aujourd'hui entre les mains de M. Paul Mariaux, négociant, après avoir appartenu à M. Maurice Ardant, grand père de Mme Mariaux, un des archéologues les plus laborieux de notre siècle, un de ceux qui ont vu passer entre leurs mains les restes les plus nombreux et les plus intéressants de notre passé artistique.

Il résulte des indications fournies par Beaumesnil, que le possesseur de ces précieux dessins n'en connaissait pas l'auteur : il les conservait avec soin, non comme un document intéressant son monastère, car ce n'était pas l'œuvre d'un religieux de la maison (les Feuillants n'ayant pris qu'en 1622 possession de Saint-Martin), mais « comme des monumens précieux de l'ancienne splendeur de Limoges ». Des notes dont nous parlerons plus loin, « en lettres italiques et de la même encre du dessin, par conséquent du dessinateur même », se lisaient au verso de plusieurs de ces feuillets de papier, qui auraient pour nous un si grand prix.

Dom Champion, célérier des Feuillants, avait d'autres documents intéressants dans son portefeuille. C'étaient d'abord une suite d'enluminures représentant des costumes limousins — de femmes — du treizième au quinzième siècles, peintures du temps, s'il faut en croire Beaumesnil, qui les copia en 1747. M. Tripon les a reproduits dans l'atlas de son *Historique monumental*. Ces peintures ne rentrent pas dans le cadre de notre catalogue ; mais le célérier possédait aussi des croquis offrant pour nous plus d'intérêt ; c'étaient des vues, postérieures à 1593, des anciens monuments de Limoges : celles-ci très inférieures aux premières au point de vue de la fidélité des images comme sous le rapport de l'exécution.

Ajoutons qu'on ne peut accuser Beaumesnil d'avoir inventé ces vues ou de leur avoir assigné une date de fantaisie. Plusieurs documents du dix-septième et du commencement du dix-huitième siècle mentionnent les dessins de 1593, entre autres nos *Annales manuscrites*, dont l'auteur certainement les avait vus et en parle du reste en termes précis (1).

(N° 31). — Le premier dessin que reproduise Beaumesnil, est celui du théâtre romain.

« Duratius, rapporte l'Annaliste, ediffia dans Lymoges un théâtre sur la rivière, beau et magniffique, où il y a deux fontaines » (2). Et il parle un peu plus loin, des « vestiges existant entre le cimetière de Sainte-Félicité et les vignes, et mesme, près la rivière, de 40 pas géométriques et 18 pieds de haut, tirant sur le midy », ainsi que des « vestiges qui se sont trouvés au chemin qu'on va de la Cité au pont Saint-Martial », entr'autres « un gros mur de la largeur de 6 à 7 pieds, de grandes pierres longues, venant sous le jardin des Jacobins, continuant dans les vignes tirant vers la Citté » (3).

Beaumesnil parle à peu près de la même façon du théâtre de Duratius ; le passage suivant s'inspire visiblement du texte des *Annales*, qu'il a eu sous les yeux :

« Du susdit théâtre, on voyoit encore les vestiges en 1660, qui étoient de vieilles ruines du côté de la rivière de Vienne, de 40 pas géométriques de long et 18 de large, en tirant sur le midi, haut en deux endroits encore d'environ 10 pieds et épais de 7 pieds en quelques endroits, mais fort détruit par le dedans : le tout batti à chaud et à ciment, de petites pierres quarrées. J'en donne un dessein copié sur un que le pere sellerier feuillant de Limoges conservoit avec d'autres. L'original étoit de l'an 1593. »

« Derrière celui-cy (ce dessin), dit plus loin notre archéologue, on lisoit, en petite ronde et d'une autre encre que le dessein, les mots suivans : « *Vue des restes du théâtre de DVRATIVS en 1593.* » Cette écriture n'étant ni de l'encre ni de la même main que ce qui se trouve aux autres desseins à leur verso, je tiens cette remarque (*sic*) plus récente, et je conjecture qu'elle a été faite par son possesseur avant qu'il passât entre les mains dudit R. Pere. »

« Quoiqu'il en soit, ce dessein, par sa seule inspection, ne laisse aucun doute que ce ne soit très effectivement la vüe des restes d'un théâtre, et tout le témoigne : son plan et sa forme ou figure demi-circulaire, les voûtes du site de son enceinte, et plus encore les corps

---

(1) « Il s'en voit (du théâtre) une représentation aux Feuillants, tel qu'il étoit en 1593 ». — Donc ces dessins étaient à St-Martin dès le XVIIe siècle.
(2) *Annales manuscrites de Limoges*, publiées par Emile Ruben, Félix Achard et Paul Ducourtieux. — Limoges, Ve Ducourtieux, 1872, p. 24.
(3) *Ibid*. p. 125.

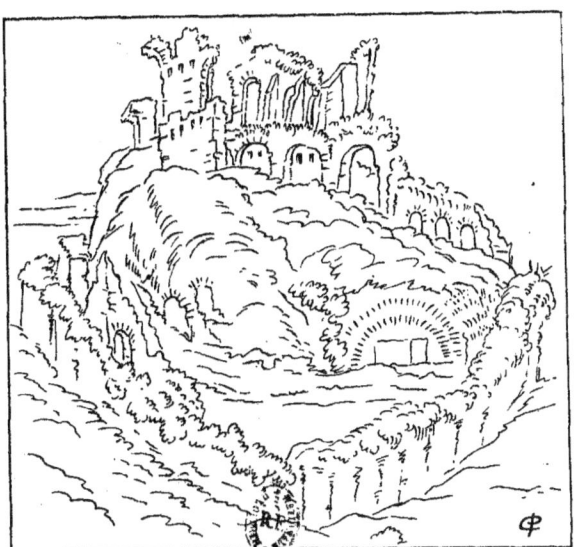

Ruines du *Théâtre de Duratius*, d'après une copie du dessin de 1593 exécutée par Beaumesnil (n° 31).

d'édifices qui occupent la partie géométrale, *qui dénote à plein que c'étoit la façade contenant les magazins et le lieu de la scène* ; ce qui se connoît en comparant les figures des autres théâtres antiques qui se sont conservés jusqu'à nous, tels que ceux de Pompée et de Marcellus, à Rome ; celui de Véronne, et quelques autres encore tirés de l'oubli par le célèbre Cerlio *(sic)*, qui nous en a transmis les plans, ainsi que *les distributions, dans son admirable Traité des Antiquités de Rome et autres lieux de l'Italie.* »

La vue que nous reproduisons sous le n° II de nos planches hors texte, serait donc un des dessins de la série de 1593, mais celui-ci, originairement, ne portait aucune date. A notre manuscrit le dessin mesure 88 millimètres sur 93.

Est-il tout à fait évident, comme l'affirme ici Beaumesnil, que les restes représentés par cette figure soient ceux d'un théâtre ? Il ne le paraît vraiment pas. Le dessin, si nous l'interprétons bien, semble indiquer que la scène était adossée au côteau et que les gradins avaient été ménagés en contre-bas, disposition contraire à celle de tous les théâtres antiques dont nous ayons pu examiner les restes ou étudier les plans. On distingue toutefois, sur le dessin de Beaumesnil, des couloirs à trajet demi circulaire et plusieurs détails caractéristiques de nature à confirmer l'opinion émise par lui. Il faudrait admettre néanmoins que les pans de murs, assez élevés, qu'on aperçoit aux derniers plans de cette vue, appartenaient, non au théâtre, mais au palais dont nous parlerons plus loin, et dont les vestiges couronnaient en effet la partie supérieure de la déclivité du côteau.

Remarquons d'autre part qu'en attribuant ces ruines à un théâtre, le comédien ne fait que se conformer aux indications de l'auteur des *Annales manuscrites*. La tradition de l'existence d'un théâtre à Limoges était fort ancienne, puisqu'il est parlé de cet édifice dans la *Vie de saint Martial* dite d'Aurélien, dont la composition est certainement antérieure au huitième siècle. « L'apôtre, y est-il dit, vint dans le théâtre » : — *Venit in theatrum.* — On tenait donc pour certain, dès le haut moyen âge, que la ville gallo-romaine des Lémovices avait possédé un édifice destiné aux représentations théâtrales. L'antiquité de cette tradition est, nul ne saurait le nier, un argument bien fort en sa faveur.

La vue du « théâtre de Duratius » a été reproduite, d'après le dessin de 1593, fort simplifié, au tome III de l'*Histoire de saint Martial* du P. Bonaventure de Saint-Amable (n° 59 ci-après). M. J. Duroux, dans son *Essai historique sur la sénatorerie de Limoges*, Limoges, Martial Ardant, 1811, en a donné (planche I, n° 6) une copie plus fidèle et de beaucoup meilleure à tous égards, exécutée par M. de Crossas. Tripon enfin, à l'Album de son *Historique monumental de l'ancienne province du Limousin*, (Limoges, Martial Darde, 1837), a eu de nouveau recours au dessin des Feuillants pour montrer à ses lecteurs les ruines du théâtre de Duratius, un peu accommodées et replacées dans le cadre d'où l'artiste de 1593 avait dû détacher son croquis. Le lithographe déclare lui-même du reste qu'il s'est bien gardé de copier « servilement » l'original pour ne pas « s'attirer le titre de plagiaire » et pour « se rapprocher de la vérité, après avoir comparé le manuscrit et la nature... (1) » en 1837 ! Fiez-vous aux copies... La nôtre est due au fidèle et élégant crayon de M. Courtot; mais elle est faite d'après une reproduction de Beaumesnil.

M. Allou parle (page 57 de son ouvrage) d'une autre vue du théâtre, de 1593 aussi, conservée aux Feuillants et reproduite par Beaumesnil. Ce dessin aurait donné l'aspect des « restes de la partie cintrée du théâtre, prise en dehors ». Or, nous signalons ci-après, sous le n° 33, un dessin du palais de Duratius, de 1593, représentant, dit Beaumesnil, « la figure du bout ou côté extérieur de cet édifice » et d'une « partie un peu cintrée ». Il nous paraît évident qu'il y a eu confusion dans les notes de M. Allou, et que la vue dont il parle ici est non celle du théâtre, mais celle du palais.

(N° 32). — La déclivité qui s'étend de la place actuelle des Jacobins à la Vienne et dont le couvent des fils de Saint-Dominique occupait la partie supérieure, présentait, au-dessus des ruines du théâtre, un second ensemble de constructions antiques attestant l'existence, sur ce point, d'un autre édifice d'une grande importance, connu sous le nom de « Palais de Duratius. »

L'annaliste rapporte que Duratius édifia « un palais de grande excellance, pres le lieu où est a present l'eglise de Sainte-Felicité au pont Saint-Martial, pres lequel palais etoient de beaux jardins. » (2)

Dans le cahier de Beaumesnil, nous trouvons deux dessins de ces intéressants vestiges, vestiges que mentionnent plusieurs actes privés du seizième siècle, sans donner malheureusement sur leur état, leur physionomie, leur étendue, aucun renseignement un peu caractéristique ou un peu précis. Le premier (n° 32 de notre catalogue) mesure 121 millimètres de hauteur sur 189 de largeur à notre manuscrit. Beaumesnil le note en ces termes :

« Copie exacte et correcte d'un autre dessein à la plume, lavé

---

(1) *Historique mon.*, p. 64.
(2) *Annales manuscrites*, p. 125. — L'annaliste signale dans cette région « les ruines d'une tour dans laquelle il y a un vuide comme une caverne, qui sert de couvert aux voisins qui ont des vignes jougnant. »

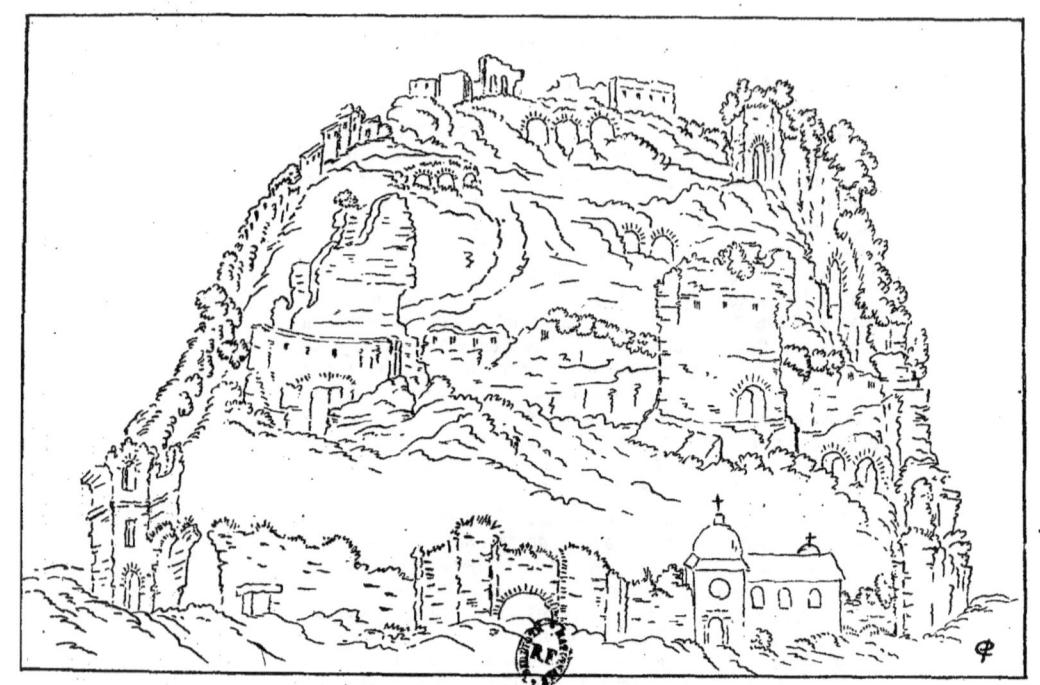
Restes du *Palais de Duratius*, d'après un dessin de Beaumesnil reproduisant une vue de 1593 (n° 32)

aussi d'un bistre verdâtre, environ une fois plus grand que celui-cy, appartenant également au R. P. sellerier feuillant. Je le préférai à une autre vue du même monument qu'il avoit encore, parcequ'elle est pleine de fautes, et contre la perspective, et contre la vérité des sites, quoique je pense que ce soit d'après celui que j'ai rebuté qu'on a copié une médiocre gravure insérée dans l'in-folio de la *Vie de saint Martial,* dans laquelle on a quelque peu corrigé les fautes dont je parle...

« Il y avoit, au verso de ce dessein cy, la remarque ou indication suivante : *Pourfil vû comme oiseau du Palais roumain proconsulaire levé l'an present mille chinq cent nonante et trois* (1). Ce peu de mots étoit en lettres italiques, et de la même encre du dessein, par conséquent du dessinateur même.

« Au-dessous, on avait ajouté, mais d'une autre encre, ce qui suit : *Restes du palais proconsulaire, bâti par Duratius, au tems de Cesar le grand, vers l'an 40 avant Jesus-Christ, tel qu'il se voyoit encore en 1593.* Par conséquent ce monument s'est conservé, du moins en partie, l'espace de seize siècles et demi.

« Cet édifice paroit avoir été composé de deux parties quarrées, inégales de grandeur, sçavoir une cour ou emplacement libre entouré de bâtimens, dont les angles et l'entrée parroissent avoir cté de grands corps de bâtisses; la seconde portion, plus grande que la première, est séparée de l'autre par une tire (?) d'un gros mur, qui laisse voir qu'il étoit composé de parties habitables et de deux tours romaines, très considérables, tant par leur hauteur que par leur grosseur. Ce qui termine est tout de bâtiment, et le sol a beaucoup de voutes : ce qui montre que c'étoit en cette partie précisément qu'habitoit le proconsul. On voit en même tems que ce palais étoit aussi une espèce de forteresse : témoin les deux grosses tours qui commandoient le tout, et les quatre angles des extrémités, composées de gros corps de bâtimens dont on pouvoit se servir en cas de siège. Au reste, tout l'édifice étoit construit de petites pierres équarries, bien assemblées par un ciment de la dernière dureté, qui, par laps de tems, avoit si bien pris et s'étoit lié de sorte qu'il faisoit corps avec les pierres, et sembloit n'être qu'un tout, tant ce ciment s'étoit consolidé. »

Au dessous de la vue de 1593, le cahier de Beaumesnil reproduit un autre dessin des mêmes ruines (n° 57 de notre catalogue) qu'il désigne ainsi : « Vue du second dessein, ou plutôt imitation de la

---

(1) Nous n'avons pas besoin de faire ressortir la bizarrerie suspecte de cette inscription.

gravure extraite de la *Vie de saint Martial* dont j'ai parlé précédemment »...

« On voit bien que ce monument et celui de dessus sont une même chose ; mais toutes deux traitées différemment. Dans le premier, l'air de vérité règne partout ; la vetusté y est fidellement exprimée.—Il reste à parler sur leur différente distribution. Ce dernier annonce une longueur bien plus considérable qu'au premier : ce qui ne paroît pas naturel, suivant la méthode des Romains. Les tours sont de figure de celles du blason, les deux angles de la partie inférieure sont nus, et ne présentent qu'une simple idée de murs de clôture, que la vetusté ne peut pas avoir régularisés à ce point. »

Et notre archéologue termine en manière de moralité :

« Il faut conclure que, vu l'œconomie dont usent les libraires, on leur a gravé pour leur argent une vûe plus de ressouvenir que d'après nature, et dans laquelle on voit des fautes de vraisemblance et de mesures qui ne se peuvent imputer qu'à leur lézine ou à l'incapacité du graveur, qui ne scavoit que promener sa pointe. »

Beaumesnil avait eu sûrement à se plaindre d'un libraire, et peut-être dans ces lignes retrouve-t-on l'écho de quelque épisode intéressant de la carrière si agitée de ce singulier personnage.

Il n'y a pas grand chose à ajouter aux observations de Beaumesnil, dont les critiques sont justes pour la plupart. Les dimensions paraissent considérables dans l'un et l'autre des dessins ; si le second accroît certainement la longueur des constructions, à l'assiette desquelles le versant tout entier du côteau, de l'église de Sainte-Félicité au monastère des Jacobins, serait loin de suffire, la vue de 1593 nous paraît de son côté singulièrement élargir la base de ces ruines. Il est permis de croire qu'il y a notable exagération des deux côtés. Il n'en est pas moins certain qu'un édifice important, avec des dépendances considérables, a existé sur le versant du côteau qui descend de la place des Jacobins à la Vienne. Les découvertes effectuées au cours des travaux qu'on exécuta, en 1819 et 1820, pour l'édification du manège et du quartier de cavalerie, et à diverses dates plus récentes, au cours de plusieurs travaux de terrassement ou de construction, suffiraient à l'établir. M. Maurice Ardant a donné des renseignements intéressants sur ces découvertes dans un mémoire sur *la Cité de Limoges* lu au Congrès scientifique tenu dans notre ville en 1859 (1).

Au premier plan des deux vues, on reconnaît l'église de Sainte-Félicité (autrefois Saint-Symphorien), depuis la Révolution enlevée au culte. Les deux dessinateurs l'ont représentée à peu près de la

(1) *26ᵉ Session des Congrès scientifiques*, tome II, p. 273. — Disons en passant que le plan dont cet article est accompagné n'est la reproduction exacte d'aucun des plans cités par l'auteur, et que nous n'avons pu en faire usage pour le présent travail.

— 23 —

même façon : en avant de son petit vaisseau, dont le mur latéral était percé de trois fenêtres, s'élève une sorte de porche surmonté d'un dôme ou coupole paraissant jouer le rôle de clocher : une petite lanterne surgit du toit au-dessus du sanctuaire. La porte d'entrée est, au dessin de 1593, surmontée d'une ouverture ronde.

Admettons, comme Beaumesnil, que la vue du « palais de Duratius » figurant au tome III de l'*Histoire de saint Martial*, soit la reproduction du second des dessins de D. Champion, que nous classons ci-après sous le n° 57. Celle de 1593 n'aurait été en ce cas publiée que deux fois : par M. de Crossas (planche I n° 5 de l'*Essai sur la Sénatorerie* de Duroux), et par Tripon (Album de l'*Historique monumental*) : cette dernière copie arrangée comme le dessin du théâtre mentionné au numéro précédent et comme lui complétée.

(N° 33). — Un autre dessin du portefeuille de D. Champion et qui remontait aussi à 1593, représentait l'extrémité opposée de ces mêmes ruines, c'est-à-dire leur aspect pris du haut du côteau. Beaumesnil n'ajoute que quelques mots à cette figure, qu'il a aussi reproduite et qu'il intitule « vüe opposée du palais proconsulaire de Duratius d'après une (vue) prise en 1593 ». « Voici, dit-il simplement, un autre dessein de ceux du R. P. sellerier, qui nous donne la figure du bout ou côté extérieur, opposé à la vüe des précédens desseins. Cette partie est un peu cintrée. »

VII (n° 34). — Aux dessins de 1593 que nous venons d'étudier, il convient d'ajouter la vue de l'Amphithéâtre, de la même date, dont nous avons déjà parlé sous le n° 30. Elle ne figure pas dans le cahier que nous possédons de Beaumesnil, bien qu'elle provint de la petite collection des Feuillants, et qu'elle fût peut-être de la même main que les n°° 31, 32 et 33. Cette vue était accompagnée d'une légende qui ne manque pas d'intérêt : « Les arènes de notre ville de Limoges, creusées au milieu pour y tenir plus à plein le marché du bétail. Fait par moi, 1593. » Pas de signature du reste. Le dessin en question a été copié par Beaumesnil et connu de M. Allou, qui le décrit (p. 62). Le savant ingénieur s'étonne à bon droit que le croquis portant la date de 1593, indique « les piles des arceaux et les trois étages des galeries qui n'étoient point apparens dans le premier » (la figure de 1591). Les déblais exécutés à l'intérieur de l'amphithéâtre et mentionnés par la note reproduite ci-dessus, auraient pu mettre à jour quelques unes des parties inférieures du monument, cachées jusque-là sous les débris ; rien de plus. Il semble donc évident que le dessin des arènes de 1593, était plutôt une restitution qu'une vue proprement dite, et cette constatation serait de nature à nous inspirer certains doutes sur l'exactitude des autres images de nos monuments portant la même date, si elles sont de la même main.

La vue en question a certainement inspiré le croquis informe que le P. Bonaventure a donné, de l'Amphithéâtre de Limoges, à la p. 20 de son troisième volume. A en juger par les autres gravures qui accompagnent celle-ci, on ne peut considérer ces planches comme des copies des dessins dont il s'agit, et on trouvera plus loin, à la date de 1685, mentionné sous un autre numéro (58), le croquis en question, dont nous donnons du reste une reproduction exacte. Quant au dessin original de 1593, nous ne savons ce qu'il est devenu. C'est à tort, nous l'avons déjà dit, que Legros a donné avec la date de 1593 le dessin qui, d'après les explications très précises d'Allou, est incontestablement la vue de 1591. Nous reproduisons plus loin (n° 58) la figure insérée à l'ouvrage du P. Bonaventure.

VIII (n°s 35, 36, 37). — Le plan du Château de Limoges dressé par le médecin géographe Jean Fayen, *Joannes Fayanus*, qui possédait une maison rue Boucherie (rue actuelle du Collège) et semble l'avoir habitée, porte la date de 1594. C'est en effet cette année là même que l'éditeur Maurice Bouguereau, de Tours, présenta au roi Henri IV, peu après son entrée à Paris, notre premier atlas national sous la dénomination de *Théâtre François*. Bouguereau mentionne Fayen parmi ses collaborateurs les plus notables. La carte de la province du Limousin, dressée par celui-ci et accompagnée du plan dont nous venons de parler et qui en occupe le coin supérieur de droite, est une des plus intéressantes de ce précieux atlas (1).

Nous ne nous étendrons pas ici sur le plan de Fayen, qui est bien connu. On sait que ce plan est une vue cavalière assez complète, mais où l'auteur paraît s'être peu préoccupé d'observer les proportions : on y relève du reste d'assez grosses erreurs. M. Paul Ducourtieux a étudié cette image du vieux Limoges avec autant de perspicacité que de compétence, et nous renvoyons le lecteur désireux d'être fixé sur la valeur de cette figure, à la substantielle

---

(1) Notre excellent et savant ami Ludovic Drapeyron a étudié avec un soin tout particulier l'œuvre de Bouguereau et celle de Fayen dans plusieurs opuscules : *L'image de la France sous les derniers Valois et sous les premiers Bourbons* (1888); *Le premier atlas national de France* (1889); *Jean Fayen, auteur de la première carte du Limousin et collaborateur de notre premier atlas national* (1889); *L'évolution de notre premier atlas national sous Louis XIII* (1890); *Jean Fayen et la première carte du Limousin* (1893).

notice de notre confrère sur *Limoges d'après ses anciens plans* (Limoges, veuve Ducourtieux, 1884). Disons seulement que le plan de Fayen a eu de nombreuses éditions. Notons, outre celle de 1594, celle d'Ortelius (Anvers, 1598); celle de Jean Lecler (Paris, 1620); de sa veuve (1626); de son fils (1632); de Jean Boisseau (1642), etc.

Grâce à l'obligeance de M. Ducourtieux, qui a bien voulu mettre sa très intéressante collection à notre disposition, nous pouvons distinguer trois planches principales du plan de Jean Fayen, offrant entre elles de notables différences.

(N° 35 de notre catalogue). — La gravure originale de l'atlas de Bouguereau (118 mill. sur 135), dont on trouvera ci-dessous la reproduction, d'après l'exemplaire de la Bibliothèque nationale, et qui a été publiée par M. Drapeyron à l'appui de son travail sur *Jean Fayen et la première carte du Limousin* (*Bulletin de la Société archéologique et historique du Limousin*, t. XLII, 1893, p. 61).

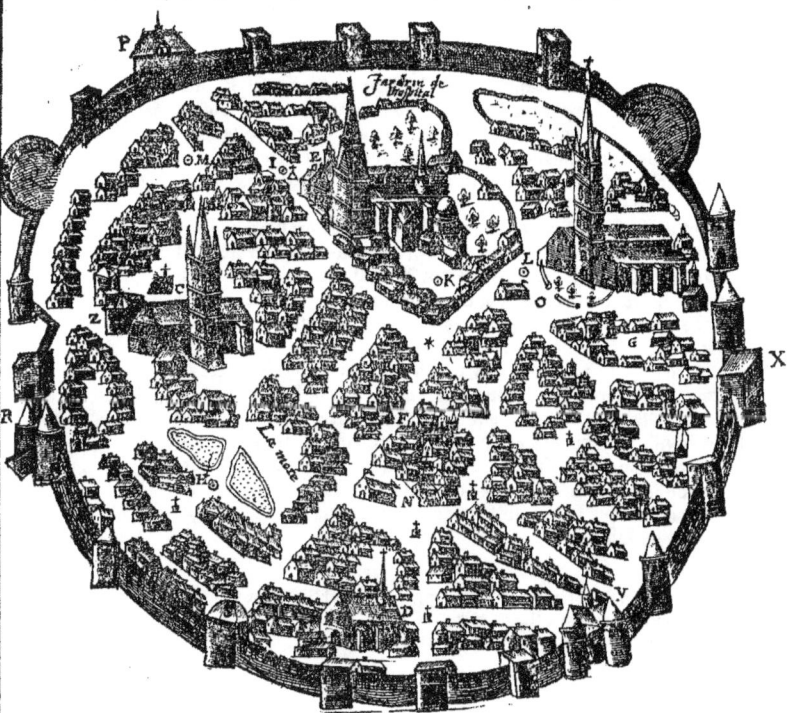

Plan de la ville dite du Château de Limoges, par J. Fayen. — Ed. de 1594.

(N° 36). — Une seconde planche, utilisée dans plusieurs ouvrages du commencement du dix-septième siècle (116 mil. sur 128) et qui, tout en modifiant certains détails, conserve la physionomie assez caractéristique de la plupart des édifices, a été reproduite dans le tome XXXI de la Société archéologique, p. 171, où elle accompagne l'étude de M. Ducourtieux sur les anciens plans de Limoges.

(N° 37). — Une troisième édition, portant le nom de Kœrius et figurant à des atlas de 1630, 1638, 1644, etc. (90 mill. sur 95). A celle-ci on trouve beaucoup de détails supprimés et l'aspect des monuments, dont les grandes lignes sont seules tracées, a subi une sensible modification. — La comparaison des trois plans est on ne peu plus intéressante.

L'architecte Cajon a laissé une copie du plan de Fayen, qui porte la date de 1796 et qui est conservée au Grand Séminaire de Limoges.

Ajoutons qu'on trouve à l'Album de l'*Historique monumental*, une reproduction agrandie et enjolivée de cette vue. Tripon la donne comme « une vue de Limoges au quinzième siècle ».

Il n'est pas inutile de rappeler que le plan de Fayen est la plus ancienne vue de Limoges qu'on ait signalée jusqu'ici. Les auteurs du seizième siècle n'ont pas fait figurer l'image de notre ville dans leurs recueils. C'est ainsi que que nous l'avons vainement cherchée dans le curieux *Catalogue des antiques erections des villes et cités*, publié à Lyon, en 1527, chez F. Juste, par Gilles Corrozet et Claude Champier. Les auteurs parlent avec considération du « roy de Limoges, nommé Sigibertus », qui fit décoller sainte Valérie et fut converti au christianisme par saint Martial, « disciple de Jesu-Christ » ; ils vantent la Cité « opulente et antique » fondée « avant l'advenement de Nostre Seigneur long temps par ung prince dict Limos » (1); mais ils ne donnent pas la vue de cette antique capitale. Et en vérité nous n'avons pas trop à le regretter ; car, en parcourant l'ouvrage, on s'aperçoit que le même bois se trouve placé en tête de plusieurs notices et est censé représenter les diverses villes auxquelles ces notices se rapportent. On peut constater, par exemple, qu'une seule gravure a servi pour Arles, Dijon, Clermont-Ferrand et Verdun. — On doit regretter avec plus de raison de ne pas voir la vue de Limoges figurer dans la belle et riche collection de Jansson (2).

---

(1) Fol. 55 de ce curieux petit volume, dont la Bibliothèque nationale possède un joli exemplaire (L. 20 n° 2 ; réserve).

(2) *Illustrium principumque urbium Europæ tabulæ*.

IX (nos 38 et 39). — Les divers fonds de nos archives de la Haute-Vienne et quelques collections particulières possèdent un certain nombre de plans dont la plupart se réfèrent à des immeubles situés dans la banlieue de Limoges et n'ayant en aucune façon le caractère de monuments. M. Maurice Ardant, qui est resté, de 1854 à 1867, conservateur de notre dépôt départemental, en a signalé plusieurs : celui de Naugeat (1561), dressé par Léonard I Limosin et propriété de la famille Langle, à Limoges ; deux plans de Fougeras, Juillac, les Audouynes (fin du xvie et premières années du xviie siècle) dont l'un au moins est de la main d'un des trois ou quatre peintres ayant porté le nom de Jean Court et le surnom de Vigier ; un plan du bourg de Rilhac-Rancon et de ses environs, du même artiste; celui de Parpeyrolles (1586) par un François Limosin ; celui des « Rouchaux » (sic), par un Léonard Limosin (1614); celui du moulin Poillevé auprès d'Aixe (1625), attribué à François Poillevé ; celui de Saint-Lazare (1640), par Grenaud, — pour ne citer que les plus anciens.

Le dernier, appartenant au cabinet de feu M. Astaix, a figuré à notre exposition rétrospective de l'Hôtel de Ville de Limoges, en 1886 : il est absolument sans intérêt pour nous. D'autres ne se retrouvent pas, mais il semble qu'ils ne pourraient nous fournir aucune donnée sur nos monuments. Celui de Naugeat et plusieurs documents analogues, d'une date plus moderne, qui ont passé dans les mains de M. l'archiviste Alfred Leroux, de M. Paul Ducourtieux et dans les nôtres, n'offrent rien qui ait trait à notre sujet. Seules les deux pièces concernant Fougeras, Juillac et les Audouynes présentent, au point de vue de notre étude, un certain intérêt et doivent avoir leur place dans ce catalogue.

Ces deux plans, peut-être de la même main (1), offrant en tout cas les plus grandes analogies d'exécution et d'aspect, appartiennent à des époques peu éloignées l'une de l'autre, et le premier a très visiblement inspiré le second, lequel ne paraît être en somme qu'une copie, mise au point et augmentée de quelques détails. Une cote moderne (de la main de M. l'archiviste Rivain, si nous ne nous trompons) assigne le 5 avril 1619 comme date à un de ces plans, celui qui ne porte pas la signature de l'artiste et qui serait peut-être le dernier en date. S'il en était ainsi, contrairement à l'avis de M. Paul Ducourtieux, qui estime le dessin signé

---

(1) En tant que dessin, car l'écriture paraît n'être pas la même, pour la plupart des légendes, tout au moins.

postérieur à l'autre (1), le modèle serait tout au plus des dernières années du seizième siècle (2), sinon des toutes premières du siècle suivant, Quant à reculer sa date de près de cent ans, comme a cru pouvoir le faire notre excellent confrère, il nous paraît impossible de souscrire à cette appréciation, et malgré la différence des écritures figurant à ces documents, leurs graphismes ne sont pas assez caractéristiques pour fournir un élément d'appréciation de quelque sûreté. Nous persistons, après un examen très attentif des deux pièces, à les croire à peu près contemporaines.

L'un de ces plans (n° 38), celui que M. Ducourtieux estime le plus moderne, constitue à lui seul la liasse 1373 du classement provisoire, fonds de Saint-Augustin, aux archives de la Haute-Vienne. C'est un parchemin de forme irrégulière, mesurant 473 à 565 mill. de haut sur 0 m. 988 mill. de large, en deux peaux cousues ensemble, et portant cette mention : *Figure faicte par moy, Jean Court dict Vigier, maître peintre, de la ville de Lymoges, prins d'office par Monsieur de Petiot, juge royal de Lymoges, en presence des parties.* — COURT. — On lit au dos : *C'est la figure des lieux de Las Audoueynas et ses tenemens contentieux faite par Jean Court, maître peintre, nommé d'office en presence des parties;* et, d'une encre plus pâle, la signature SARZAC.

Fougeras et les Audouynes sont figurés avec un soin extrême : les carrés des jardins, les dispositions des bâtiments, les plantations, les vignes, tous les détails de ces tènements, si délicatement représentés, si richement enluminés qu'ils soient, offrent pour nous un intérêt médiocre. Ce qui appelle notre étude, c'est la figuration des édifices des environs de la ville : « l'abbaye de Sainct Augustin », représentée avec trois corps de logis, une grande tour carrée et un clocher coiffé d'une coupole dont la teinte rose indique une couverture en tuiles; « la Maison Dieu », simple masure à la toiture effondrée, surmontée d'une croix ; un autre édifice non dénommé, pouvant représenter soit Saint-Martin-des-Feuillants, soit les Cordeliers, formé d'une grande construction qui est sûrement la chapelle, avec porte principale ouvrant sous un porche en forme de hangar, une fenêtre cintrée au dessus du porche, et trois

---

(1) Paul DUCOURTIEUX, *Les environs de Limoges d'après les plans des émailleurs. Bull. de la société arch. et hist. du Limousin*, t. XXXIV (1885). p. 215 et suivantes.

(2) M. Maurice Ardant, qui a reproduit quelques portions de ce plan, l'a daté de 1557, nous ne savons sur quelle autorité. (*Congrès scientifique de France*, 26ᵉ session (septembre 1859). Paris, Deroche, et Limoges, Chapoulaud, 1860, tome II *in fine*. — L'article de M. Ardant se trouve à la page 273).

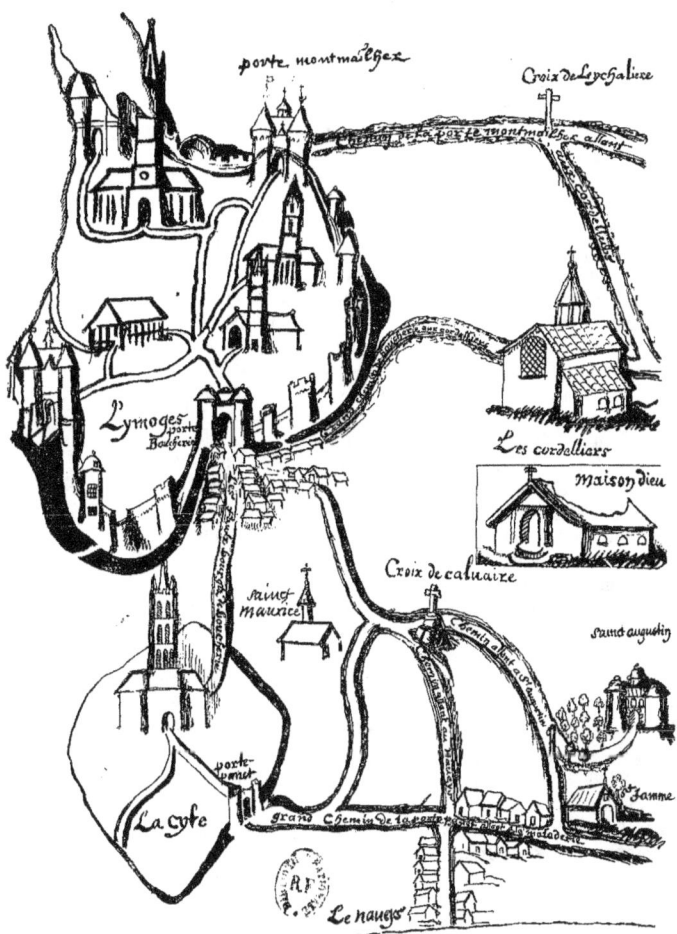

Fragment du plan de Juillac, Fougeras, etc. (n° 39)

baies, également cintrées, percées dans le mur de droite du vaisseau. Les travées sont séparées à l'extérieur par des contreforts. Deux fenêtrons s'ouvrent de ce côté sur le versant de la toiture. Un clocher, en forme de tour ronde, terminé par une sorte de galerie saillante, au dessus de laquelle s'arrondit une petite coupole, surgit de la couverture. Sur le bord du chemin qui va aux Casseaux, en face de l'abbaye de Saint-Augustin, on distingue une sorte de colonne, qui figure sans doute le pilori ou la borne de justice du monastère.

Dans le bas du parchemin, une traînée de couleur bleue représente la Vienne. Au bord de la rivière, un groupe de maisons et quelques piles de bois à côté : c'est le Naveix.

A l'extrémité gauche de la pièce, on voit, en haut, l'enceinte, en forme de cœur, de la ville du Château de Limoges. Une seule des entrées, la Porte Boucherie, est dessinée avec quelques détails. Le corps de logis dans lequel s'ouvre le portail, surmonté d'une lanterne à toit pointu, accosté de deux tours rondes avec toiture en poivrière, paraît être précédé d'une courtine ou plutôt d'un cavalier ou d'un redan, flanqué de deux bastions ronds. L'appareil du pont-levis est sommairement indiqué. Des épis avec girouettes sont plantés sur le lanternon et les tours. A l'intérieur de l'enceinte, quelques traits assez grossiers font reconnaître l'emplacement des églises de Saint-Michel-des-Lions, de Saint-Pierre-du-Queyroix et de la basilique de Saint-Martial.

Au dessous, un losange figurant la Cité : dans son enceinte, la silhouette de la tour de Saint-Etienne avec sa base massive. Le sommet paraît fort ébréché. M. Ducourtieux en a induit non sans raison que la pièce était postérieure à 1575, date de la chute de la foudre sur la pyramide du clocher et de la destruction de celle-ci. Ce plan n'a jamais été reproduit. M. Maurice Ardant paraît toutefois s'en être inspiré pour le croquis qu'il a restitué et qui a été publié en 1860.

(N° 39). — Le second des plans du fonds de Saint-Augustin-les-Limoges (n° 3406 du classement provisoire) est, comme l'autre, dessiné sur deux peaux cousues ensemble, et qui mesurent en tout 424 à 502 mill. sur 910 mill. Les Audouynes, Fougeras sont encore l'objet principal de l'auteur. On lit au dos : *Plan et figure de Juilhac, Fougeyrac et autres lieux voisins, depuis la porte de St-Maurice de la Cité de Limoges*. Ailleurs : *Figure des lieux dont est question et confrontations d'iceux*. P. P. PAILLET.

Nous donnons (planche IV hors texte), toute la partie de gauche de cette curieuse pancarte. On y voit l'abbaye de Saint-Augustin figurée d'une façon très différente de l'image fournie par l'autre plan : ici, c'est un seul corps de logis, percé d'un portail, avec trois fenêtres au premier étage, et flanqué de deux tours à toitures arrondies; derrière, une tour plus haute, semblablement coiffée et qui pourrait être un clocher. A l'entrée du chemin qui se détache de la route et conduit au monastère, on remarque encore le poteau de justice, auquel semble attaché un anneau. Au-dessous, l'église de Saint-Jacques (Saint-Jamme), modeste construction surmontée d'une petite croix; plus loin, la « Maladerie » ou léproserie de Saint-Jacques, autrement appelée des *Ladres blancs*. La Maison-Dieu, qui était la léproserie des *Ladres rouges*, a toujours sa toiture en ruines; mais elle apparaît avec un porche assez curieux, précédé d'un perron, et trois petites baies s'ouvrent sur le flanc droit de l'église, dont la perspective est figurée. Entre la Maison-Dieu et la ville, le peintre a dessiné un édifice offrant une certaine ressemblance avec l'église qui, sur le premier de nos plans, occupe à peu près le même emplacement, et que nous avons supposé représenter soit l'abbaye de Saint-Martin des Feuillants, soit l'église des Cordeliers. Ici il ne nous est pas permis de poser un point d'interrogation : on lit, au-dessous du bâtiment, cette légende : *Les Cordelliers*; s'il s'agit du même édifice, il se présente ici par l'extrémité opposée. Nous ne voyons plus la façade et le porche, mais le chevet et sa grande baie, un clocher avec une pyramide, plus un corps de bâtiment bas, plaqué contre l'église et percé de deux ouvertures arrondies dans leur partie supérieure : peut-être a-t-on voulu indiquer le cloître. Saint-Martin a été oublié, peut-être omis volontairement. Il eût sans doute gêné la perspective. Mais nous devons faire observer que le couvent des Cordeliers occupe à peu près, dans notre plan, l'emplacement sur lequel s'élevait la vieille abbaye.

Plus bas, au nord-est de la Cité, se dresse la croix dite du Calvaire, sur un socle monumental, ou peut-être sur un bloc de rocher. La Croix de l'Eychalière est figurée au carrefour formé par la rencontre des trois chemins venant de la porte Montmailler, de la Maison Dieu et des Cordeliers; sur la droite du plan, la croix de Juillac. De la Vienne monte la grande rue du Naveix dont les maisons s'étagent l'une derrière l'autre avec une certaine régularité.

La partie la plus intéressante de ce plan est une vue cavalière tout à fait sommaire de la Cité et de la ville, bâclée à grands traits dans le coin supérieur de gauche, mais beaucoup plus pittoresque et détaillée que la simple silhouette du plan signé Jean Court.

La Cité apparaît au-dessous du Château, avec son enceinte affectant ici encore la forme d'un losange : la seule porte dessinée est la porte Panet, flanquée de deux tours qui paraissent rondes; ni le portail ni les tours n'ont de toiture. L'enceinte est tracée; mais l'artiste n'a pas figuré les murailles. Nous savons qu'en effet, à l'époque où nous sommes arrivés, la *Cité* n'a plus de remparts ; son enceinte, déjà en très mauvais état, a été démolie en grande partie à la suite des événements du mois d'octobre 1589. — Dans la ville épiscopale, un seul édifice émerge sur la teinte verdâtre du fond : la cathédrale, dont la silhouette est assez fidèlement représentée, et dont le clocher à trois étages (au lieu de quatre), avec son piédestal massif, se détache en avant du vaisseau de l'église.

Détail singulier : l'enceinte de la Cité, telle qu'elle est tracée ici, ne comprend qu'une partie de la vieille ville ; l'église Saint-Maurice (qui est très légèrement figurée, — on pourrait dire estompée, s'il ne s'agissait d'une peinture, — à droite de la cathédrale), et le quartier l'avoisinant, la Haute Cité presque toute entière, sont placés en dehors de cette enceinte.

La silhouette du Château, tracée au dessus de celle de la Cité et reliée à celle-ci par une voie bordée de constructions où il est aisé de reconnaître le faubourg Boucherie, avec les tanneries de Palvézy sur le côté, fournit plus de détails. L'enceinte est dessinée avec une recherche visible d'exactitude. Les tours sont toutes ou presque toutes figurées, avec une variété d'aspect qui paraît témoigner de cette fidélité. Par malheur, le bord du parchemin, sur la gauche, a été lacéré, et la portion de l'enceinte comprise entre la porte des Arènes et la porte Manigne a à peu près complètement disparu. C'est à peine si on distingue, un peu au-dessus de cette dernière, quelques traits qui se rapportaient sans doute à la silhouette de la tour des Anges. La porte Manigne, avec une toiture rouge, coupée d'une sorte de fronton, un beffroi au centre et deux tourelles à chapeaux coniques, est représentée, ayant son pont-levis abaissé sur le fossé. La porte Boucherie, d'un aspect moins monumental, a ses tours terminées par des toitures arrondies. Entre ces deux « porteaux », l'enceinte forme une courbe très allongée, coupée par la tour neuve des Prisons, également à toiture arrondie et avec deux fenêtres grillées ; par la tour ronde qui a remplacé la porte de Vieille-Monnaie et qui n'a pas de toiture, enfin par une tour carrée ou bastion crénelé, à laquelle il nous serait difficile de donner un nom. Au-dessus de la porte Boucherie, le mur présente, jusqu'à Montmailler, une perspective très rapide, jalonnée de six ouvrages en saillie : nous y reconnaissons, sous toute réserve, (car nous n'aborderons pas ici l'étude de notre ancienne enceinte, étude hérissée de difficultés que soupçonnent seuls ceux dont les recherches spéciales se sont dirigées de ce côté) : 1° la petite tour appelée « de La Cigogne » aux quatorzième et quinzième siècles ; 2° celle dite de la Chaufferette, autrement du Babouy, avec sa forme carrée et ses créneaux démolis par les Jésuites, à qui on reprocha beaucoup cette destruction ; 3° l'éperon de saint Martin, sorte de demi-lune couronnée d'une terrasse et qui avait remplacé le « portal de Mirebeuf ; 4° une autre tour qui pourrait être l'ancienne tour de Beaucay, appelée au dix huitième siècle tour de la Pyramide ; plus loin 5° Branlant, appelée aussi tour d'Amblard, avec une toiture en poivrière, enfin 6° la tour de Beaupuy, avec une coiffure arrondie. La porte Montmailler ne ressemble pas à celle figurée cent ans plus tôt au plan des fontaines de Regina. Le plan nous la montre flanquée de deux tours rondes à toitures coniques surmontées d'épis, et couronnée de mâchicoulis : un beffroi sommé d'une croix s'élève au-dessus du bâtiment où est percée l'entrée de ville. De cette porte à celle des Arènes, — que défendent aussi deux tours rondes, sans encorbellement, — l'enceinte, crénelée, a été fort raccourcie par l'artiste. On n'y distingue bien nettement que la plate forme du grand bastion en demi-lune construit en 1528 et connu sous la dénomination de Fort ou Eperon de saint Martial (al. de saint Mathieu).

En somme, ce croquis nous donne une impression assez fidèle de cette enceinte, dont l'aspect pittoresque a été signalé par quelques voyageurs et dont, à une époque très rapprochée de celle de notre plan, entre 1612 et 1616, le hollandais Zinzerling — Jodocus Sincerus — mentionne les hautes tours dominant au loin le paysage.

Nous n'avons pas à faire ressortir ici les différences qu'un rapprochement de quelques minutes révèle entre ce plan et ceux de Fayen (n° 35) et de Jouvin de Rochefort (n° 56). Pour en donner une idée, disons qu'entre la porte Boucherie et la porte Montmailler, le médecin-géographe figure sept tours ou bastions ; Jouvin, neuf, et l'auteur de notre croquis, six.

Les silhouettes de quatre édifices seulement surgissent dans l'enceinte du Château : celles de Saint-Michel, de Saint-Martial, de Saint-Pierre — la seconde de ces églises méconnaissable — et une sorte de grand hangar dans lequel, vu son emplacement, il faut reconnaître soit le Consulat, soit la halle ou boucherie de la place des Bancs. Les principales voies de la ville sont du reste tracées : on reconnaît, mais il y faut quelque bonne volonté, les grandes artères, celles qu'on appelait *charrières* au treizième siècle, *cantons* au seizième : les Combes, les Taules, Boucherie, Manigne, Consulat, — fort abrégé — le Clocher, singulièrement détourné de sa direction, — Lansecot, la rue des Arènes, etc.

X (40 et 41). — Dans une fort curieuse collection de vues de villes, dessinées par Joachim Duwiert et portant pour la plupart les dates de 1609, 1610, 1611 et 1612, (Vx 23 de la collection dite « topographie Lallemant de Betz, aux Estampes de la Bibliothèque nationale), M. Léopold Delisle et M. Bouchot nous ont, avec leur bienveillance habituelle, signalé deux vues *intéressantes de Limoges*, dont n'ont parlé, croyons nous, aucun de ceux de nos confrères qui se sont occupés des plans et dessins se rapportant à notre ville.

La première : « La ville de Limoges, 1609 » (n° 40), se trouve au fol. 253 du volume. Dessin à l'encre, de 220 millimètres sur 280. La vue paraît prise du Crucifix ou de la Croix de l'Eychalière, peut-être d'un peu plus loin. La ville se présente assez ramassée. Le Château est en face du spectateur : Deux portes s'ouvrent pour ainsi dire devant lui ; au premier abord, il semble que ce soient les portes Boucherie et Montmailler ; mais, après avoir bien étudié le dessin dans tous ses détails, nous croyons que l'artiste a voulu représenter les portes de Montmailler et des Arènes. La ville s'offre donc ici par le côté nord-ouest, diamétralement opposé à celui que nous représentent le plan de Fayen, la vue cavalière de 1610 (n° 39) la vue qui suit (n° 41) et le panorama de Beaumesnil.

La porte Montmailler forme un simple corps de bâtiment sans tours ni tourelles, avec couverture haute, à quatre eaux(1). Au-dessus du cintre de son entrée, est vaguement esquissé un écusson ; son pont-levis est abaissé. A gauche du spectateur, les remparts s'allongent, jalonnés par une grosse tour ronde, qui pourrait représenter la terrasse de la tour Branlant. De l'autre côté, une grosse tour aussi ronde, sans toiture : l'éperon Saint-Martial ou Saint-Mathieu peut-être ; puis, à droite, la seconde porte, la porte des Arènes à notre avis : sa couverture est semblable à celle de la porte Montmailler ; mais deux tours rondes, à toitures coniques, flanquent le corps de bâtiment. Au-delà, la muraille continue en perspective, appuyée d'une haute tour carrée à toiture en pyramide et d'une tour ronde qu'il nous semble difficile d'essayer à identifier, sans entrer dans la voie des plus gratuites hypothèses. Une autre grande tour carrée surgit au loin, derrière les clochers de la ville, de l'autre côté de l'enceinte, semble-t-il. Est-ce la tour des Prisons ? A l'extérieur des murailles, le couvent des Carmes domine le paysage. Il est formé de deux corps de bâtiments en équerre : l'église est accostée d'une tour ou clocher. Un faubourg, partant de la seconde porte, gravit la perspective dans sa direction. A mi-côte, se montre le monastère des Augustins avec sa petite église et son clocher ; derrière lui s'allonge le faubourg Montmailler. L'amphi-

---

(1) Remarquons que ces indications confirment celles fournies par le plan de Regina.

théâtre des Arènes n'est pas figuré. La ville est de toutes parts entourée de vignes.

Sur la gauche, la Cité. Elle n'a point de remparts. La tour de Saint-Etienne, sans flèche ni clocheton, domine cette partie du panorama. Le vaisseau est à peine indiqué, avec une grosse tour ronde en guise d'abside. En avant, on aperçoit un coin seulement du monastère de la Règle : il se pourrait fort bien que la vue s'étendit plus loin de ce côté et qu'on eût coupé l'extrémité gauche du dessin. Plus près de la ville, le couvent des Cordeliers, formé d'une grande construction à l'angle d'un enclos, avec deux tours ou clochers à haut faîtage.

Au-dessus des toitures de la ville, qui s'étagent derrière la ceinture des fortifications, on distingue la figure très approximative du clocher de Saint-Pierre, celle plus exacte du clocher de Saint-Michel qui domine tous les autres, et la flèche, d'une longueur démesurément exagérée, de la basilique de Saint-Martial.

On ne peut se tromper du reste sur l'identification des silhouettes de ces édifices. L'auteur du dessin a pris la peine de les indiquer par des lettres renvoyant à une légende : A. « Saint-Estienne, esglise cathedralle ». — B. « les Cordeliers ». — C. « La Regle, abbaye de femmes ». — D. « Saint-Pierre, paroisse ». — E. « Saint-Marcial, abbaye secularizée ». — F. « Saint-Michel, paroisse ». — G. (légende restée en blanc ; le G se rapporte à un clocher placé derrière Saint-Michel : faut-il y reconnaître le beffroi de l'hôtel de ville ou le clocheton de Saint-Aurélien ?) — H. « Les Carmes ». — I. « Les Augustins ».

(N° 41). — Bien autrement intéressante est la seconde des vues de notre ville (n° 41) que renferme l'album de Duwiert, celle du fol. 257. Celle-ci, qui est intitulée : « *Limoge, 1612* », ne mesure pas moins de 773 millimètres de long sur 196 de haut (marges non comprises). C'est un véritable panorama de la capitale du Limousin. Cette vue est prise du Clos Sainte-Marie, et la Vienne coule au premier plan, laissant surgir de ses eaux une île d'assez grandes dimensions, au-dessous du monastère de la Règle.

En avant, sur la droite, le pont Saint-Etienne franchit la Vienne sur ses sept arches. Aux deux extrémités s'élève une porte fortifiée, avec haute toiture à quatre eaux. Du côté de la campagne, le parapet du pont se prolonge, décrit une courbe et forme une sorte de cour en avant de la porte, dont le pont-levis, abattu, repose sur la dernière arche. Sur la rive droite on aperçoit le moulin que mentionnent tant de vieilles chartes.

La Cité est dessinée avec beaucoup plus de précision et de détail que dans la vue n° 40. L'artiste a figuré l'église de Saint-Etienne avec soin et montré l'édifice interrompu. Un assez grand espace libre sépare le vaisseau du clocher, qui est représenté fidèlement avec ses quatre clochetons, mais sans flèche : la base de la tour a été toutefois enjolivée. Les bâtiments de la Règle s'étendent au pied de la cathédrale ; ils ont peu de caractère. Auprès du clocher de Saint-Etienne on voit une grande tour carrée et quelques bâtisses précédées de restes de fortifications, et qui pourraient représenter le palais épiscopal édifié par Jean de Langeac. C'est, sur la gauche du spectateur, la dernière construction appartenant à la Cité qui apparaisse distinctement.

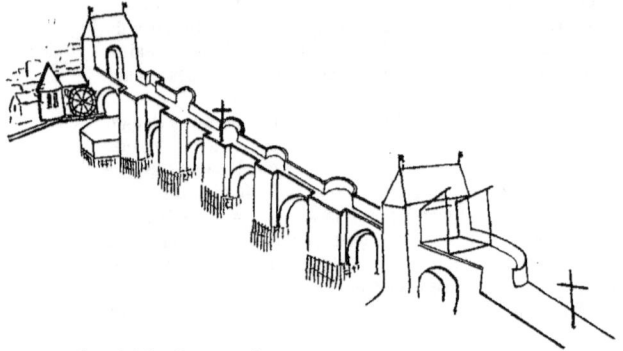

Le pont Saint-Etienne en 1612, d'après le panorama de Duwiert (n° 41)

Sur des plans plus éloignés, surgissent, au milieu des maisons, des bâtiments élevés et des clochers : il est permis de reconnaître Saint-Jean en Saint-Etienne, Saint-Maurice, Saint-André qui allait être donné aux Carmes. Plus loin encore, l'ancienne abbaye de Saint-Martin.

A droite, derrière les piles de bois du Naveix, s'étagent les maisons d'un faubourg, au-dessous des constructions importantes de l'abbaye de Saint-Augustin, lesquelles, surmontées d'un clocher, d'une tour et de clochetons, offrent une silhouette assez mouvementée. En avant, nous croyons reconnaître Saint-Jacques. Au versant de la colline, d'autres clochers encore : ceux de Saint-Julien et Saint-Paul sans doute.

La ville du Château, sur la gauche du panorama, est en partie cachée par les édifices de la Cité. On ne voit très distinctement que le clocher de Saint-Pierre, dessiné du reste avec fidélité ; tout à côté une construction élevée qui pourrait être le Collège. Que représentent les hauts faîtages et les toitures pointues qu'on aperçoit là-bas, au-delà des maisons? Des portes probablement, mais nous ne chercherons pas à préciser. La portion des remparts qui fait face au spectateur est, semble-t-il, l'arc compris entre la porte Boucherie et la tour des Anges. Des arcatures s'accusent sur les murs. Derrière un redan ou un cavalier, on aperçoit un corps de bâtiment flanqué de tours qui ne peut être qu'une porte. Mais il y a une certaine confusion dans cette partie du panorama. Nous croyons distinguer l'ancienne porte Vieille-Monnaie, la tour des Prisons, la porte Manigne. En avant des remparts du Château : Saint-Gérald, les Récollets de Sainte-Valérie, les Jacobins, émergent du milieu des maisons et des vignes des faubourgs. Entre les Jacobins et la rivière, on reconnaît le petit clocher de Saint-Michel-de-Pistorie. Ce panorama trahit, chez le dessinateur, un souci très visible de l'exactitude.

Notons qu'au dos d'une partie de ce dessin se trouve une vue de la ville d'Argenton.

XI (42). — M. le chanoine Arbellot possède une curieuse gravure, portant la signature : *F. Ardant fecit, 1625*, et exécutée sans doute pour accompagner un livre de prières à l'usage de la Confrérie des Pénitents Feuille-Morte, qui fut instituée en 1619 dans la petite église paroissiale de Saint-Martial de Montjauvy. Cette gravure représente la patronne de la pieuse association, sainte Madeleine, à mi-corps, entre deux pénitents agenouillés. Au-dessus de la grotte qui s'ouvre à gauche, l'artiste a donné un dessin assez net de la vieille église où la confrérie tenait ses assemblées (1) : c'est un édifice roman, lourd d'aspect et dont l'intérieur devait être fort obscur. La façade, surmontée d'un campanile rudimentaire à deux cloches, n'offre d'autre ouverture qu'une grande porte à plein cintre ; deux contreforts, un à chaque angle, ajoutent quelques reliefs à cette simplicité. Le bâtiment, dont la gravure permet d'apercevoir tout le côté de droite, présente un contrefort à peu près à moitié de la longueur, et un autre à l'encoignure du chevet. Cette église avait donc deux travées au moins : le mur latéral de la première était percé seulement d'une petite porte, du côté que nous montre la gravure. Une fenêtre à plein cintre, de moyennes dimensions, éclairait la seconde.

---

(1) Nous le croyons du moins : il ne serait pas impossible que l'église représentée par cette planche fût Sainte-Marie-Madeleine de la Bregère. On trouvera plus loin, à la date de 1769, mention d'un croquis de cette dernière église qui offre beaucoup de rapports avec le dessin d'Ardant.

XII (nᵒˢ 43 à 49). — Des géographes et des voyageurs du dix-septième siècle donnent, dans les ouvrages où sont consignés les résultats de leurs études et les récits de leurs pérégrinations à travers la France et le reste de l'Europe, les *vues* d'un certain nombre de villes. Toutes celles, sans exception, ayant trait à Limoges qui ont été publiées jusques vers le milieu du siècle dernier et qu'il nous ait été donné d'examiner, se rapportent, il ne saurait y avoir à ce sujet le moindre doute, à un même dessin original dont nous ne connaissons ni la date ni l'auteur. Cette image, un peu sèche, ne laissant rien deviner du site pittoresque de la ville et accusant à peine les différences considérables de niveaux qui ont toujours existé entre ses divers quartiers, offre néanmoins un certain intérêt en ce qui a trait aux édifices qui y sont indiqués. Malgré tout ce qu'elle laisse à désirer, quelques détails, les silhouettes notamment de plusieurs des clochers, font croire qu'elle n'a pas été exécutée d'imagination, et que le graveur, en traçant la première planche, a eu sous les yeux au moins un croquis donnant tant bien que mal l'aspect de Limoges entre 1620 et 1640.

Grâce à l'album *Haute-Vienne* de la collection topographique de la Bibliothèque nationale, et aux intéressants et nombreux spécimens que possèdent plusieurs de nos concitoyens, entre autres M. Paul Ducourtieux et M. Nivet-Fontaubert, nous avons pu étudier plusieurs éditions successives de cette vue et constater qu'elles diffèrent notablement l'une de l'autre, non seulement par le format, mais par l'exécution de la planche et sa fidélité. Sans pouvoir affirmer que nous n'omettons aucun des types de cette figure, nous en signalerons six éditions :

(Nᵒ 43). — La plus intéressante et la plus exacte de nos vues est la plus grande, celle qu'on trouve aux éditions de la Topographie de Mérian, parues dans les dernières années du règne de Louis XIII. La gravure est allemande ou hollandaise. Elle mesure 129 à 130 millimètres de hauteur sur 309 de largeur, et porte l'inscription : Lemovicvm-Limoges, assez mal gravée, sur le ciel même de l'estampe. Il existe de bonnes épreuves de cette vue à la collection topographique de la Bibliothèque nationale, dans le cabinet de M. Paul Ducourtieux, dans celui de M. Nivet-Fontaubert, à la Bibliothèque communale de Limoges, etc.

(Nᵒ 44). — L'atlas de la Bibliothèque nationale possède un exemplaire d'une gravure se rapprochant beaucoup de la première, et dont M. Ducourtieux conserve deux ou trois spécimens. Dimensions : 93 mill. sur 307. Le dessin de cette planche est moins vigoureux et moins net que celui de la première : on constate notamment que beaucoup de lignes, fermement tirées dans la gravure n° 43, ont été exécutées, dans celle-là, à l'aide de petits traits successifs ou même de points. On lit, sur le ciel, la même légende.

(N° 45). — Planche de 107 mill. de haut sur 149, portant aussi Lemovicvm-Limoges sur le ciel, et présentant, au-dessus de la gravure, à gauche, le repère : *p. 226*. (Coll. Ducourtieux).

(N° 46). — Autre, de 104 sur 142, ne différant de la précédente que par ses dimensions, et par la forme de l'*u* de la légende, qui est un u rond. (Bibl. nationale et coll. Ducourtieux). Peut-être ces deux spécimens de notre gravure ne sont-ils pas identiques. Les dimensions ci-dessus sont celles de l'exemplaire de M. Ducourtieux. La gravure de la bibliothèque mesurerait, d'après nos notes, 102 sur 147.

(N° 47). — Autre, de 100 mill. sur 142, très grossièrement gravée et d'un aspect barbare que n'ont aucune des autres planches de cette vue ; même légende : Lemovicum-Limoges (Coll. Ducourtieux.)

(N° 48). — Autre, de 117 sur 155, portant, dans un cartouche, en haut de la gravure, les mots : Limoges, capitale du Limousin. (Bibl. nat. et coll. Ducourtieux). Cette gravure paraît être du dix-huitième siècle seulement.

(N° 49). — Il convient de rapprocher de ces gravures un dessin à la plume, teinté de sépia, assez légèrement tracé, mesurant 90 mill. sur 162, et figurant à l'atlas de la Bibliothèque nationale auprès des planches que nous venons d'énumérer. On ne saurait y reconnaître l'original de ces vues : Ce n'est qu'une copie exécutée d'après une des plus sommairement traitées de nos gravures. Titre : Vue de la ville de Limoges, en France, dans le Limosin.

XIII (n°⁵ 50 à 55). — Au second tiers du dix-septième siècle appartiennent les dessins à la plume, médiocrement exécutés, dénotant néanmoins un certain souci de l'exactitude, qu'on trouve intercalés dans le texte du manuscrit, appartenant à la bibliothèque communale (n° 21 du catalogue), de la version la plus connue des *Annales de Limoges* (1), publiée en 1872 par MM. Emile Ruben, Félix Achard et Paul Ducourtieux.

Ces figures, au nombre de six, représentent : 1° page 47 : l'Andeix du Vieux-Marché, 140 mill. de haut, largeur de la page — n° 50 de notre catalogue. — A été reproduit par Tripon dans l'album de son *Historique monumental*.

---

(1) Rappelons que ce volume a été à tort désigné sous la dénomination de « Manuscrit de 1638 ». Il contient des mentions de 1647 et de 1660 de la même main et de la même encre que le reste du texte.

2° page 10 : le triangle de Manigne, 212 mill. de haut, largeur de la page — n° 51 de notre catalogue. — Dessin également reproduit à l'*Historique monumental*.

3° page 19 : les Lions de Saint-Michel, 65 mill. de haut, largeur de la page — n° 52 du présent catalogue. — Le dessin de ces curieux monuments donné par M. Duroux et par Tripon, ne s'est pas inspiré de ce croquis et paraît avoir été exécuté d'après nature.

4° page 20 : la Fontaine d'Aigoulêne, hauteur 180 mill., largeur de la page — n° 53 du présent catalogue. — Les dessins qu'ont fait de ce monument M. de Crossas et après lui Tripon, ne rappellent en rien ce croquis.

5° page 21 : Fontaine du Chevalet, avec son andeix et son abreuvoir, 110 mill. de haut, largeur de la page (n° 54). Tripon a reproduit cette fontaine, mais non d'après ce croquis.

6° page 23 : l'arbre de Beauvais, 211 mill., largeur de la page (n° 55).

Il résulte des indications fournies par l'abbé Legros dans ses *Essais historiques sur la ville de Limoges*, n° 16 du Catalogue de la bibliothèque des manuscrits de MM. les prêtres de Saint-Sulpice du Séminaire, que les mêmes dessins, une partie d'entre eux tout au moins, figuraient dans le manuscrit, alors entre les mains du savant bénédictin Dom Col, d'une autre version de nos *Annales* offrant d'assez notables différences avec celle de la bibliothèque communale de Limoges. Le volume en question paraît avoir été recueilli dans la famille Maisonneuve, à Ambert (Puy-de-Dôme). Tout au moins y a-t-il de fortes présomptions qu'il s'y trouvât il y a quelques années et qu'il soit passé ensuite dans le département du Lot-et-Garonne.

XIV (n° 56). Le plan de Limoges dit « des Trésoriers de France », exécuté par A. Jouvin de Rochefort, trésorier de France au bureau de notre ville, vers 1680, suivant M. Ducourtieux, qui a fait une étude consciencieuse de cette intéressante pièce, donne une vue très sommaire des divers édifices qu'il représente en saillie sur le plan proprement dit. Les indications de ce document, rapprochées de celles du plan de Fayen, peuvent fournir d'utiles données sur nos anciens monuments, surtout sur le plan et la disposition de nos monastères et établissements religieux. Le plan comprend non seulement le Château et la Cité, mais les faubourgs et une partie de la banlieue. Il est assez connu pour que nous n'ayons pas à en parler ici en détail.

Nous en donnons d'autre part un extrait, à titre de spécimen.

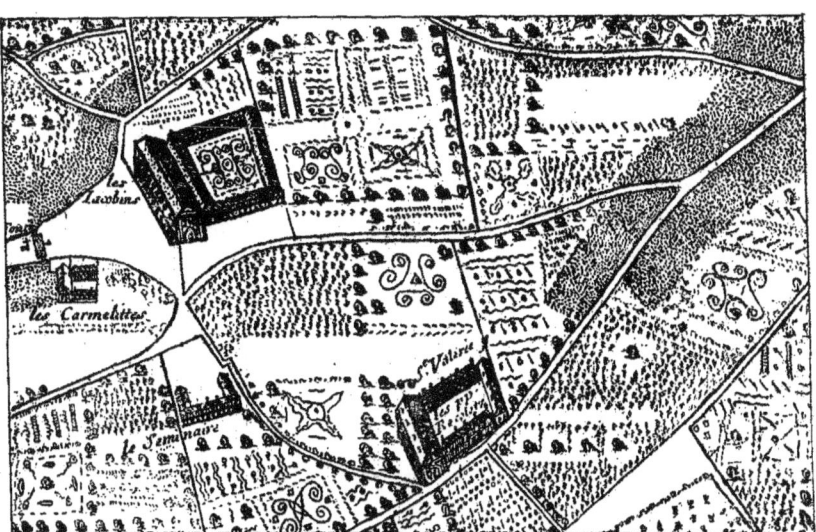

Extrait du Plan de Limoges, dit des Trésoriers de France, fin du XVIIe siècle (n° 56).
Les Jacobins, les Carmélites, le Séminaire, les PP. Récollets de Sainte-Valérie.

XV (n° 57). — Dessin du Palais de Duratius reproduit par Beaumesnil dans le cahier que possède M. Paul Mariaux. (Voir ce que nous en disons en parlant du n° 32.)

XVI (n°ˢ 58, 59, 60). — La vue des ruines de l'amphithéâtre de Limoges, insérée par le P. Bonaventure de Saint-Amable au tome III, page 20, de sa grande *Histoire de Saint-Martial, apôtre des Gaules* (1), diffère complètement de celle dont nous avons parlé sous le n° 30 et la date de 1591. C'est un croquis informe, mesurant 110 mill. sur 55, qui montre toutefois, outre une suite de décombres d'aspect assez peu net, marquant le pourtour du cirque, une portion importante de constructions encore debout, présentant trois étages superposés, et permettant jusqu'à un certain point, de restituer les dispositions générales de l'édifice. L'excellent Carme ne se flatte pas de mettre sous les yeux de ses lecteurs une œuvre d'art, et lui-même qualifie de « crayon grossier » le croquis dont il s'agit et dont on trouvera ci-dessous la fidèle reproduction. La gravure est accompagnée de la légende : *Reste de l'Amphithéâtre dit le*

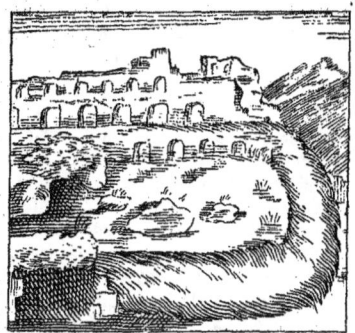

Ruines de l'amphithéâtre de Limoges, gravure de F. Ponroy (n° 58)

Creux des Arennes. Le « crayon » a été sans doute, comme la planche, exécuté par le graveur F. Ponroy, d'après un ancien dessin ; car, dans la seconde moitié du dix-septième siècle, les vestiges de l'amphithéâtre n'avaient sûrement ni cette importance ni ce relief ;

---

(1) Le premier volume avait paru à Clermont-Ferrand, chez Nicolas Jacquard, en 1676 ; le troisième fut imprimé à Limoges, chez Antoine Voisin, et parut en 1685, date portée au titre. Le frontispice porte la date de 1680 : le dernier chiffre a été surchargé et remplacé par un 4.

on avait rasé en 1568 ce qui subsistait de cet édifice et le peu de débris qu'on pouvait en voir encore vers la fin du dix-septième siècle était d'aspect beaucoup plus modeste. Le croquis en question pourrait bien n'être autre que la reproduction de la vue de « l'amphithéâtre en 1593 » dont nous avons parlé sous le n° 34. Tout nous porte à le croire.

Du même Ponroy, nous l'avons dit plus haut, le P. de Saint-Amable donne une vue du « Palais de Duratius » et une autre du théâtre : ce sont pareillement d'assez informes croquis, où le graveur a employé les procédés les plus naïfs de la perspective. Bien qu'ils s'inspirent sans aucun doute des dessins de 1593, on ne peut les considérer comme des copies à proprement parler, et nous nous croyons obligés de les comprendre dans notre catalogue sous des n°ˢ particuliers. Ajoutons que les trois vues sont juxtaposées sans séparation, dans un cartouche rectangulaire de 107 mill. sur 160, légendes comprises.

(N° 59). — L'auteur du « *Reste du théâtre de Duracius* » ne s'est inspiré que de très loin du dessin de 1593. Le théâtre lui-même est informe : on voit que le graveur a essayé de suivre les lignes principales de son modèle ; mais l'indication des raccourcis et de la perspective dépassait les ressources de son art, et son dessin serait incompréhensible s'il n'était un peu relevé par les vieilles murailles qui surgissent de la déclivité du côteau et surtout par les tours du château qui le couronnent (106 mill. sur 45).

(N° 60). — Le dessin du palais qui occupe le milieu du cartouche (107 mill. sur 64) est le moins barbare des trois. Il rappelle beaucoup mieux le modèle de 1593, qu'il se borne à simplifier, mais dont, en somme, il donne à peu près l'impression générale. L'essentiel du dessin des Feuillants a été conservé. Au premier plan, on aperçoit l'église de Sainte-Félicité avec son dôme, orné d'une façon assez bizarre. Au dessus de la porte du clocher s'ouvre une rosace ou un large œil de bœuf. Le vaisseau, n'était le clocheton surmonté d'une croix qui surgit de son chevet, aurait l'aspect d'une simple maison d'habitation : Il est percé d'une porte cintrée, entre deux fenêtres également à plein cintre. A la gauche, une croix placée sur un grand socle.

Nous trouvons assez de différence entre ce croquis et le second dessin du palais de Duratius copié par Beaumesnil (n° 57 ci-dessus) pour les distinguer dans notre catalogue.

XVII (N° 61). — Un curieux jeton en argent, de 0^m,0275 de diamètre, portant les initiales F. P., — peut être celles du graveur François Ponroy, dont nous trouvons le nom sur une liste du personnel de la Monnaie de Limoges du 29 janvier 1695, — et appartenant à M. Henri de La Bastide, lieutenant au 63° régiment d'infanterie, présente, au droit, un écusson ovale sommé d'une couronne de comte, supporté par deux lions, avec une tête de lion, vue de face, servant de soutien, — et écartelé des armoiries : 1° des Du Boys (de gueule à la fasce d'or) ; 2° des Verthamon (de gueules au lion léopardé d'or) ; 3° des Maledent (d'azur à 3 lions léopardés d'or) ; et 4° des Des Cubes (d'azur à 3 dés d'or). Sur le tout, l'écusson des Martin de La Bastide : d'azur à la tour d'argent, crénelée, ouverte du champ, ajourée et maçonnée de sable. Légende : *Mre I. F.* (Jean-François) *Martin de la Bastide. pres. tres. gen. de Fra.* Au revers, une fontaine monumentale, présentant plusieurs bassins superposés en forme de pyramide, avec une statue d'évêque au sommet. C'est la fontaine d'Aigoulène. La légende : *Nil sibi,* est une des devises de la famille Martin de La Bastide. On lit à l'exergue : INSTAVRATÆ MONETÆ. 1692. Le trésorier de France qui a fait frapper ce jeton avait probablement été chargé de réinstaller les ateliers de la Monnaie de Limoges, qui, fermés une première fois en 1672, rouverts en 1679, abandonnés en 1681, avaient recommencé depuis peu à fonctionner. Peut-être avait-il contribué par son influence ou ses démarches à obtenir ce résultat. Il faut croire que la célèbre Aigoulène avait été aussi réparée par les soins de M. de La Bastide : la chose paraît d'autant plus vraisemblable que la requête en vers bien connue, adressée à l'intendant de Saint-Contest, pour appeler son attention sur l'état fâcheux de cette fontaine, est antérieure de quelques années seulement à la date de notre jeton.

XVIII (n° 62). — Le Département des Estampes de la Bibliothèque Nationale possède la seule vue qui ait été signalée jusqu'ici, — et elle n'a jamais été reproduite — de l'intérieur de la basilique de Saint-Martial. Ce dessin, un peu sommaire, mais exécuté par une main suffisamment exercée, porte le n° 5 des pièces relatives à la ville de Limoges (1) réunies dans l'album *Haute-Vienne* (Va 413), seul volume concernant notre département qui figure à la collection dite : *Topographie de la France.* C'est un croquis à la plume, avec quelques touches de bistre, mesurant 194 millimètres sur 214, marges non comprises. Au-dessous, cette légende : « Eslevation du sanc-

(1) Le dessin porte de plus le n° 31, qui a trait sans doute à un autre recueil dont il a fait antérieurement partie.

tuaire de l'eglize de Saint-Marsial de Limoges ». On a la vue du chœur tout entier à partir du transept, avec les deux grandes arcades des déambulatoires, au-dessus desquelles s'ouvrent les fenêtres à baies géminées, à plein cintre comme toutes les autres ouvertures, d'une tribune ou d'une galerie qui ne se continue pas au pourtour du chœur. Les colonnes, qui reposent sur un soubassement constituant la clôture de ce chœur, sont assez élancées et supportent un entablement au-dessus duquel s'ouvrent des fenêtres paraissant peu ornementées. On compte, en plus de la grande travée de l'entrée du chœur, quatre arcades de chaque côté du sanctuaire ; elles sont surmontées de deux rangées de baies : celles de la rangée inférieure, de très petites dimensions ; les fenêtres supérieures trois fois plus élevées. Au chevet s'ouvre une grande baie, de hauteur presque double, qui produit un effet peu satisfaisant et qui pourrait bien être une addition du quatorzième ou du quinzième siècle. Le grand autel, surmonté d'un baldaquin, est placé au fond du chœur, à l'entrée duquel on voit un petit autel bas et nu, à la romaine. La note qui accompagne cette précieuse figure est sans grand intérêt : elle a trait surtout au tombeau du cardinal d'Arfeuille ou d'Aigrefeuille, dit « le cardinal de Sarragosse », qui se trouvait dans la première travée, entre le chœur et le déambulatoire, du côté de l'Evangile. En face se voyait le tombeau du cardinal de Mende, Guillaume de Chanac, auquel nous avons consacré une notice spéciale (1).

Le dessin dont nous donnons une exacte reproduction sous le n° V de nos planches hors texte, porte la mention : « Envoyé par le Président d'Aigrefeuille ». Il s'agit de Jean-Pierre d'Aigrefeuille, président à la Cour des Aides de Montpellier, né en octobre 1665, mort le 8 septembre 1744. Bibliophile distingué, antiquaire plein de zèle, — spécialement pour sa propre généalogie, dont sa correspondance nous le montre préoccupé outre mesure, — ce personnage voulait absolument rattacher à sa famille le cardinal d'Aigrefeuille et il revient sur ce sujet, dans ses lettres à notre Baluze, avec une insistance vraiment comique. M. A. Germain lui a consacré une intéressante notice dans les *Mémoires de l'Académie des Sciences, Belles-Lettres et Arts de Montpellier* (2).

XIX (n° 63). — A la fin du dix-septième ou au commencement du dix-huitième siècle il faut attribuer un dessin « assez mal exé-

---

(1) *Le tombeau du cardinal Guillaume de Chanac, à Saint-Martial de Limoges.* Tulle, Crauffon, 1882.
(2) T. III, pages 289 à 331.

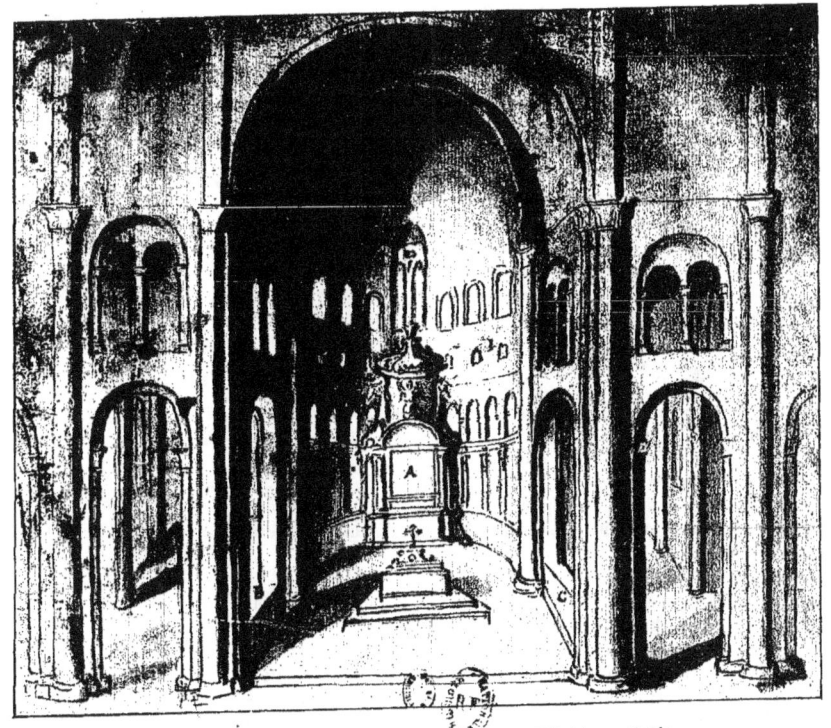

Le chœur de Saint-Martial, d'après un dessin conservé à la Bibliothèque nationale.

LÉGENDE. — *A*. Autel majeur de la basilique. — *B*. Tombeau de Guy d'Arfeuille, cardinal de Saragosse. — *C*. Tombeau de Guillaume de Chanac, cardinal de Mende.

cuté en original » et qui appartenait en 1747 à un maître cartier de Limoges du nom de L'Asnier, qui « se mêloit un peu de peinture » et demeurait alors près la porte Manigne. C'est la vue d'un grand mur, qui paraît être d'une épaisseur énorme et constituer peut-être le soubassement massif d'un autre édifice.

« Je crois, dit Beaumesnil, ce vestige être celui dont fait mention feu l'abbé Cluseau, prêtre de la paroisse Saint-Michel, en un petit manuscrit de lui, que M. de Lépine a eu la bonté de me communiquer. Voici les propres termes de cet abbé :

« J'ai découvert un mur de neuf pieds d'éppaisseur, lequel a servi de base, en partie, de toute son épaisseur, aux empâtemens de fondation de la pile qui termine aujourd'hui la consommation de l'édifice de l'Hôpital, laquelle confronte le grand chemin du Pont Saint-Martial et le portail de la vigne de Messieurs de Saint-Gérald. On trouva, dans les décombres prochaines, une pièce de cuivre au coin d'*Adrianus Trajanus*, qui fut mise entre les mains de Monsieur D'Orsay, intendant... Cellecy (la pièce) etoit plus de neuf pieds de profondeur, sous des ruines en bois et en briques, qui couvroient ladite muraille et portoient toutes les marques d'avoir été ruinées par le feu. »

XX (n° 64). — M. Paul Ducourtieux possède une jolie épreuve d'une réduction du Plan « des Trésoriers de France » (139 mill. sur 200), qui paraît avoir été gravée au commencement du dix-huitième siècle : réduction n'est pas le mot ; car on constate de sensibles différences entre l'œuvre de Jouvin et cette planche. Le principal et le plus intéressant pour l'étude qui nous occupe, des changements apportés au dessin primitif, est la substitution, à la figuration perspective des édifices publics, d'un simple plan par terre de ces bâtiments. L'auteur a accommodé de la façon la plus intelligente son interprétation au format de sa planche, et son dessin est fort net. L'exemplaire de M. Ducourtieux porte le titre : *Plan de la ville de Limoges, capitale du Limousin*, sans date ni nom de graveur. Il offre une liste des monuments religieux et civils de la ville, numérotés de 1 à 40, avec des renvois, dont les appels sont marqués au plan même. Cette épreuve ne porte aucune annotation ni repère. Sur un autre exemplaire, inséré à l'atlas *Haute-Vienne* de la Bibliothèque nationale, plusieurs fois mentionné déjà, on lit, à la partie supérieure, les mots : « tome II, p. 307 ». Nous ne saurions indiquer le titre de l'ouvrage dans lequel a paru ce plan.

XXI (n°ˢ 65 et 66). — « L'abbaye de Saint-Martin de Limoges, de l'ordre des Feuillants, 1707 ». Sous cette légende et cette date, l'album *Haute-Vienne* de la collection topographique formée à la Bibliothèque nationale, conserve une vue assez précise et assez complète de ce monastère, dont la fondation remontait, dit-on, à saint Eloi et à ses parents, et dont les bâtiments avaient été reconstruits au cours du dix-septième siècle. Entouré de jardins et de prairies, ce couvent était, avec celui des Augustins, le plus agréable de la ville à l'époque de la Révolution. La vue que nous fournit le recueil est prise du côté sud-est (place Jourdan). En façade se développe un des deux grands corps de logis qui formaient la nouvelle abbaye. Il est élevé, sur rez-de-chaussée, d'un étage avec mansardes au-dessus, et n'a pas moins de neuf fenêtres de rang. Une sorte de pavillon à deux étages, sur la droite, rompt la monotonie de cette façade, et six mansardes, à encadrements ornés, égaient la sévérité de son aspect. Le bâtiment s'ouvre sur un jardin, et, à son extrémité, il se soude, à peu près à angle droit, avec le corps de logis nord-est, se développant sur la grande terrasse qu'admiraient tant nos pères et ayant vue sur la belle prairie dont tous les Limogeauds qui ont vécu avant 1860 conservent le souvenir.

Derrière ces constructions, on aperçoit l'église, tant de fois détruite, tant de fois rebâtie, et dont la dernière réédification datait de 1650. La façade regarde le sud-ouest ; elle est appuyée de deux contreforts et percée d'une grande porte et d'une rosace. Deux fenêtres s'ouvrent dans le mur latéral. L'auteur du dessin a indiqué le clocher sans en figurer les détails. Le cloître, avec ses arcades à plein cintre, s'accuse à peine, auprès de l'église. En arrière des constructions du monastère se profilent les belles charmilles dont les débris abritaient, il y a soixante ans, les ébats des jeunes pensionnaires de la vénérable chanoinesse de Brettes. Ce dessin, à l'encre, rehaussé à la sépia, porte le n° 6 des planches concernant la ville et l'arrondissement de Limoges à l'Atlas de la Bibliothèque nationale. C'est le n° 65 de notre catalogue.

(N° 66). — Le dessin coté n° 7 du même album complète les données du précédent : il est de la même main, mais non daté. Cette légende l'accompagne : « l'Abbaye de Saint-Martin de la ville de Limoges, veue du costé du parcq ». Il nous montre la grande façade nord-est, avec ses douze fenêtres au rez-de-chaussée, douze au premier étage, un peu plus étroites, et quatre mansardes avec des cadres enjolivés comme celles du sud-est.

XXII (n°ˢ 67, 68, 69 et 70). — Jean Cluzeau, prêtre de la communauté séculière de Saint-Michel-des-Lions, mort au mois de juillet 1746, est souvent qualifié d'architecte et d'ingénieur ; et de fait, de nombreux documents attestent qu'il exerça l'une et l'autre de ces professions ; on le trouve même appelé en cette qualité, soit par l'intendance pour examiner des projets ou vérifier des travaux, soit par la municipalité, pour rechercher les causes d'accidents survenus aux remparts et constater l'état de la vieille enceinte, en 1718 et 1739 notamment. Il est constant que cet ecclésiastique avait relevé les plans et dessins de plusieurs monuments anciens, et laissé des notes et même, semble-t-il, des copies de chroniques. Legros témoigne, en plusieurs passages de ses *Essais historiques sur Limoges*, qu'il existait de son temps des « mémoires » de Cluzeau, et que Beaumesnil les avait entre les mains. Il en donne même un extrait qui appartient à la compilation connue sous le nom d'*Antiquités de Limoges*. Le comédien antiquaire a fait usage de ces notes et les cite notamment dans un passage que nous avons reproduit ci-dessus page 45 (n° 63). Tripon les a possédées en partie du moins. Sauf les deux dessins dont nous parlerons plus loin, ces papiers paraissent perdus.

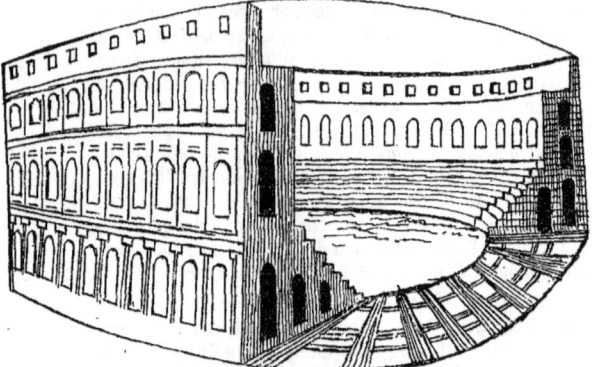

Restitution de l'Amphithéâtre, par l'abbé Cluzeau (n° 69)

Cluzeau s'était tout spécialement occupé de l'amphithéâtre, dont les derniers vestiges avaient été, de son temps, recouverts par les terrassements de la place d'Orsay. Il en avait dressé le plan à deux époques différentes : la première fois en 1713, au cours même des travaux de construction de la place. Tripon a eu entre les mains ces plans, dont nous ignorons le sort : il atteste que leurs indications ne concordaient pas. Sans pouvoir distinguer ces deux documents l'un de l'autre, nous leur donnons les nᵒˢ 67 et 68 de notre catalogue. Nadaud a connu un au moins de ces plans et le mentionne.

Au même architecte il faut attribuer deux dessins non signés, conservés dans les papiers de Beaumesnil aujourd'hui entre les mains de M. Nivet-Fontaubert. Ces dessins ne sont pas de la main de Beaumesnil et paraissent être des originaux. Il n'y faut voir que des essais de restitution et non des vues des restes des Arènes.

Le premier de ces dessins (nᵒ 69) est exécuté sur un morceau de papier mesurant 144 millimètres de hauteur sur 228. Une note relative aux dimensions de l'amphithéâtre l'accompagne. L'auteur donne à l'édifice 1416 pieds de contour, et compte 72 pilastres (il avait d'abord écrit 76), distants de 19 pieds 8 pouces de milieu à milieu. Cette image, que nous reproduisons ci-dessus, est très exactement copiée à la page 57 des *Essais historiques sur Limoges*, de l'abbé Legros, dont nous parlerons plus loin. M. de Crossas l'a du reste reproduite sous le nᵒ 7 des figures de la *Sénatorerie* (planche II).

Le second de ces dessins (nᵒ 70), tracé sur un papier de 150 millimètres de haut sur 226, donne l'impression d'un édifice de proportions plus vastes et relativement plus bas que le premier. La note qui accompagne la figure indique toutefois les mêmes dimensions. Au verso de ce dessin se lisent des vers sur les prêtres communalistes de Saint-Michel. Les deux suivants se rapportent à l'abbé Cluzeau :

      Il ne se pique point d'être prédicateur
      Qu'autant qu'il faut parler à l'oreille du cœur.

XXIII (nᵒˢ 71 à 180). — M. Allou, à qui nous devons l'ouvrage d'ensemble le plus complet et le plus sérieusement étudié qui ait été écrit sur les monuments anciens de la Haute-Vienne (1), mentionne en maint endroit de son livre les dessins et les notes du comédien antiquaire Beaumesnil. Au relevé des principales sources manuscrites consultées par lui, ces papiers se trouvent désignés en ces termes :

« Recueil de notes et dessins de Beaumesnil : feuilles détachées et incomplètes, composant quatre cahiers petit in-folio. Cet observateur infatigable, qui a décrit et dessiné presque tous les monumens de l'Ouest et du Midi, avait embrassé la profession de comédien afin de pouvoir, chaque année, parcourir sans frais une nou-

(1) *Description des monumens des différens âges observés dans le département de la Haute-Vienne.* Limoges, F. Chapoulaud, 1821, petit in-4ᵒ.

velle contrée de la France. Il arriva à Limoges en 1774, et, accueilli par M. d'Aisne, il devint bientôt correspondant de l'Académie des Inscriptions, avec un traitement de 1,500 francs. Il mourut dans cette ville, en 1787. Ses dessins sont corrects et élégans, mais d'une médiocre exactitude, de même que ses notes ».

Voilà une notice bien sommaire, et qui prêterait pourtant matière à rectification. La vie de Beaumesnil est demeurée assez obscure. On ne sait que peu de chose de précis sur lui ; mais ce peu, on le chercherait en vain dans ses biographies, dont les auteurs successifs se sont bornés à se copier l'un l'autre (1).

Pierre de La Ruelle de Beaumesnil (2) naquit vers 1718 à Paris, sur la paroisse de Saint-Jacques-la-Boucherie (3). On a toujours prétendu à Limoges qu'il appartenait à une très bonne famille, à une famille noble (4), et que son goût des études archéologiques l'avait, comme le dit M. Allou, entraîné à embrasser la profession de comédien. La biographie Hoefer assure néanmoins que ses parents étaient pauvres, et à ce renseignement, celle de Michaud en ajoute un autre, que nous n'avons pas trouvé ailleurs : c'est que Beaumesnil était originaire d'une des provinces du Centre...

Notre acteur devait avoir reçu une certaine éducation artistique ; tout au moins avait-il appris à dessiner, et bien appris. Ses perspectives, parfois indiquées avec une sûreté d'œil et de main vraiment remarquable, les formes harmonieuses et presque irréprochables de certaines statues antiques reproduites par lui, les proportions presque toujours exactes de ses personnages, attestent qu'il avait reçu d'excellents principes. Collectionneur émérite, il possédait une quantité énorme de gravures : tout l'œuvre de

(1) Voir la *Biographie universelle* de Michaud, la *Nouvelle biographie générale* Didot, la *Grande Encyclopédie* Berthelot, l'article consacré à Beaumesnil dans le *Journal de la Haute-Vienne* du 13 novembre 1812, article qui n'est autre chose qu'un extrait du rapport présenté à la Société d'Agriculture, Sciences et Arts du département de la Haute-Vienne, par un de ses secrétaires, M. Martin, à la séance publique du 24 mai 1812. (Limoges, J.-B. et Hyacinthe Dalesme, 1812, page 49). C'est d'après cette notice qu'a été faite la petite biographie donnée par Tripon, p. 17. On ne trouve rien concernant Beaumesnil au *Dictionnaire de biographie et d'histoire* de Jal, non plus qu'aux divers recueils spéciaux fournissant des renseignements sur les artistes et les comédiens d'autrefois.

(2) Son nom est orthographié *Beaumenil* et *Beaumeny* dans nos registres paroissiaux. On trouve ailleurs *Beauminy* et même *Boiminy*.

(3) Les recherches faites aux Archives de la Seine pour retrouver l'acte de baptême de Beaumesnil et celui de sa femme sont restées sans résultat.

(4) Notice de M. Martin.

Rembrandt, celui d'Albert Dürer, celui de Lucas de Leyde et bien d'autres (1).

Quant à son instruction littéraire, il ne semble pas qu'elle eût été fort soignée. Son orthographe laisse à désirer, et il paraît n'être bien fort ni en latin ni en grec.

On peut conjecturer qu'il associa fort jeune sa destinée à celle de la femme qui lui survécut peu de mois. Celle-ci, qui s'appelait Aimée Gouslin ou Garlin, et qui était née comme lui à Paris (2), avait quinze à seize ans de plus que son mari. Elle mourut le 3 décembre 1788, « à l'âge de quatre-vingt-sept ans environ », au témoignage des registres paroissiaux de Saint-Pierre-du-Queyroix de Limoges, alors que l'acte d'inhumation de Beaumesnil, antérieur seulement de vingt mois, énonce que celui-ci est décédé à soixante-neuf ans. M. Martin, dans la notice qu'il lut à la Société d'Agriculture de Limoges, en 1812, se trompe en donnant au comédien 72 ans et à sa femme 80 seulement à l'époque de leur mort. —Voilà une constatation qui peut jeter un certain jour sur la vie du comédien-archéologue. Par malheur nous n'avons pu découvrir aucun détail digne d'intérêt concernant cette union, ses débuts, sa durée, et nous ne savons rien de la jeunesse d'Aimée Gouslin.

Nous possédons d'ailleurs peu de renseignements sur elle ; nous avons pu seulement constater qu'elle partagea longtemps l'existence cahotée de son mari : elle jouait la comédie, la tragédie aussi, car il fallait alors qu'un artiste abordât les emplois les plus divers. Elle tenait les premiers rôles, les grandes coquettes, et aussi les duègnes en cas de besoin. Elle est « la Marquise » de *l'Anglais à Bordeaux*, « Madame Jacquelin » de *la Fausse ridicule*. Dans une distribution du chef-d'œuvre de Racine, nous la voyons chargée de représenter le personnage mûr d'Athalie. Elle figure à un état de partage des bénéfices de la troupe, daté du 25 octobre 1757, que possède M. Nivet-Fontaubert, avec l'indication du *prorata* le plus élevé ; il en est de même de son mari. Celui-ci paraît avoir été, le plus souvent, dans les dernières années au moins, l'impresario de la compagnie. Nous trouvons, dans ses papiers, des lettres dont l'adresse porte : « A Monsieur de Boiminy, comédien du Roy », et dans lesquelles des artistes lui offrent leurs services pour le cas où il « feroit troupe ».

On ignore, du reste, si Beaumesnil est un nom de famille ou un nom de théâtre. Il ne faut pas oublier que ce pseudonyme a été

---

(1) Il se vante du moins de les avoir (notes appartenant à M. Nivet-Fontaubert). On peut se demander ce que sont devenus ces riches portefeuilles.

(2) Paroisse de Saint-Séverin (acte d'inhumation d'Aimée Gouslin) ; paroisse de Saint-Sulpice (acte d'inhumation de Beaumesnil).

porté au dernier siècle par plusieurs artistes. Il fut pris notamment par Mlle Villard, de l'Opéra; celle-ci ne débuta qu'à une époque où notre antiquaire courait déjà la province, et il n'y a aucune raison de croire qu'il ait existé entre eux des relations quelconques.

Il est assez vraisemblable que Beaumesnil s'essaya au théâtre à Paris. Quand nous le rencontrons courant la province, il a vingt-sept ou vingt-huit ans. Qu'a-t-il fait jusqu'alors? Aucun de ses biographes ne le sait, et rien, dans ses notes personnelles, ne nous fournit de données à cet égard. Peut-être devons-nous rapporter à cette période de sa vie son voyage en Italie, où il paraît avoir passé un certain temps. Quelques indications fournies par ses papiers, donneraient même à penser qu'il visita l'Egypte (1). — Il vient à Limoges, pour la première fois sans doute, en 1747. Depuis un an seulement il a embrassé l'existence insouciante et vagabonde des héros du *Roman comique* et n'a encore donné de représentations qu'à Bourges, à Issoudun et à Poitiers. C'est du moins ce qui semble résulter d'un document qu'on trouvera plus bas.

Que vaut la tradition que nous signalions tout-à-l'heure et qui fait de notre artiste un fils de famille? Que vaut celle qui le fait monter sur les planches uniquement poussé par le désir de satisfaire sa curiosité archéologique? *Nous ne saurions le dire; mais la* seconde tout au moins nous laisse incrédule (2). Que le comédien ait raconté cette histoire au bon M. de Lépine, à l'abbé Nadaud, à Dom Col, aux prêtres, aux religieux, aux bourgeois avec lesquels la communauté de goûts et d'études le mettait en relations, nous le croyons sans peine; mais il y a peu de raison de penser que ces récits fussent exacts. Nous sommes fixés sur la véracité du personnage, et ses confidences autobiographiques ne méritent pas beaucoup plus de *créance que ses notes archéologiques et ses reproductions de monuments.*

Ce qu'il y a de plus vraisemblable, c'est que les débuts irréguliers de sa vie ou quelque escapade de jeunesse l'amenèrent de bonne heure à embrasser une profession qu'il devait exercer toute sa vie. Peut-être la connaissance de celle qui devait être sa femme et le désir de ne pas se séparer d'elle ne furent-ils pas étrangers à cette détermination. Toutefois la passion de Beaumesnil pour les *monuments de l'antiquité était réelle*: dès cette époque elle le possédait à un haut degré, et il ne reculait ni devant la fatigue ni devant la perte de temps pour aller sur place étudier les restes

---

(1) Fragments appartenant à M. Léonce Pichonnier.

(2) M. Martin, dans la notice déjà citée, dit qu'il se fit comédien « pour vivre ».

intéressants qui lui avaient été signalés. Notons que c'est au cours de son premier séjour à Limoges, qu'il a pris la plus grande partie de ses dessins et de ses notes concernant notre ville et ses environs. Voilà pourquoi nous avons placé à cette date de 1747, la notice concernant ses dessins.

Si nous ne connaissons rien de la première période de la vie de Beaumesnil, il nous est permis, grâce à ses papiers, de le suivre dans ses pérégrinations de 1746 jusqu'à sa mort. Aux derniers temps de sa vie, l'acteur s'était amusé à dresser un relevé, année par année, des villes où il avait séjourné. Il existe dans le cabinet de M. Nivet-Fontaubert trois exemplaires de cette curieuse pièce, écrits de la main même de l'auteur. Nous la reproduisons ici :

1746 : Paris, Bourges, Issoudun, Poitiers.
1747 : Poitiers, Limoges, Angoulême, Cognac, Saintes, La Rochelle, Saint-Jean-d'Angely, Angoulême, Périgueux, Limoges, Saint-Léonard, Aubusson, Clermont.
1748 : Clermont, Riom, Nevers, Moulins, Autun, Châlon, Lyon, Avignon, Carpentras, Arles, Nîmes.
1749 : Nîmes, Montpellier, Saint-Esprit, Vienne, Lyon, Decize (?), Bourges, Vierzon, Orléans, Paris, Blois, Tours, Saumur, Gatine, La Rochelle, Nantes, Angers, Bruxelles.
1750 : Bruxelles, Mons, Valenciennes, Douai, Valenciennes, Amiens, Rouen.
1751 : Rouen, Caudebec, Paris, Péronne, Cambrai, Lille, Ypres, Tournai, Lille, Maubeuge, Maëstricht, Aix-la-Chapelle, Bourguet (?), etc.
1752 : Maubeuge, Arras, Douai.
1753 : Douai, Valenciennes, Ypres, Dunkerque, Douai.
1754 : Douai, Cambrai, Péronne, Montdidier, Beauvais, Gisors, Vernon, Elbeuf, Rouen, Le Hâvre, Montpellier.
1755 : Montpellier, Nîmes, Aix, Avignon, Beaucaire, Avignon, Carpentras, Valence, Arles, Avignon, Nîmes, Aix.
1756 : Aix, Dijon, Troyes, Paris, Saint-Germain, Le Hâvre.
1757 : Le Hâvre, Chartres, Auxerre, Autun, Moulins, Clermont et Riom.
1758 : Clermont et Riom, Avignon, Nîmes, Alais, Narbonne, Béziers.
1759 : Béziers, Toulouse, Montauban, Perpignan, Montauban, Toulouse, Montpellier, Aix.
1760 : Aix, Arles, Tarascon, Avignon, Sisteron, Nice.
1761 : Nice, Villefranche, Saint-Tropez, Toulon, Marseille, Bourg-en-Bresse, Lons-le-Saulnier, Besançon.
1762 : Besançon, Orléans, Nantes, Rennes.
1763 : Rennes, La Rochelle, Rochefort, Saintes, Cognac, Angoulême, Périgueux, Bergerac, Lalinde, Bénac (?), Sarlat, Montignac, Terrasson, Brive, Tulle, Aurillac.
1764 : Aurillac, Figeac, Villefranche, Viarouge (?) (1), Rodez, Milhau, L'Escalette, Lodève, Le Vigan, Saint-Hippolyte, Uzès.

(1) Petite localité de l'Aveyron à laquelle devait s'attacher quelque souvenir particulier.

1765 : Uzès, Alais, Saint-Jean-de-Gardonnenque, La Salle, Sauve, Anduze, Sommières.
1766 : Sommières, Cette, Agde, Pezenas, Clermont, Saint-Chignan, Saint-Pons.
1767 : Saint-Pons, Castres, Toulouse, Moissac, Agen, Nérac, Mézin, Casteljaloux, Bazas, Langon, La Réole, Villeneuve, Castillon et Tonneins, Mas, Aiguillon, Layrac, Clairac, Agen.
1768 : Agen, Nérac, Sainte-Marie, Bordeaux, Poitiers, Niort, Lusignan, Poitiers.
1769 : Poitiers, Niort, Rochefort, La Rochelle, Angoulême.
1770 : Angoulême, Limoges, Tulle, Uzerche, Guéret, Montluçon, Moulins, Nevers, La Charité, Bourges.
1771 : Bourges, Issoudun, Châteauroux, Argenton, Limoges, Périgueux, Bergerac, Sainte-Foy, Libourne, Bec-d'Ambez, Bordeaux, La Réole, Agen.
1772 : Agen, Castel-Sarrasin, Moissac, Verdon, Beaumont, Toulouse, Albi, Agen.
1773 . Agen, Auch, Agen, Montauban.
1774 : Montauban, Carcassonne, Perpignan.
1775 . Perpignan, Limoges.
1776 : Limoges.
1777 : Limoges, Pau, Limoges.
1778 : Limoges et le pays.
1779 : Id.
1780 : Auvergne.
1781 : Bourbonnais.
1782 : Poitou.
1783 : Anjou.
1784 : Touraine.
1785 : Touraine.
1786 ; le Maine et Vendôme (1).

Après les deux séjours qu'il fit à Limoges au cours de 1747, et qui paraissent avoir été assez longs, Beaumesnil laissa s'écouler vingt trois ans avant de revenir dans notre ville, ou tout au moins d'y donner des représentations ; car le relevé ci-dessus ne comprend, de toute évidence, que les localités où a séjourné quelque temps la troupe. En 1770 seulement on le retrouve à Limoges. Il y revient en 1771 et paraît s'y fixer en 1775. Sa femme avait alors près de soixante-quinze ans. L'avait-elle suivi dans ses courses des dernières années ? Il est difficile de le croire. Quoiqu'il en soit, l'heure du repos avait sonné pour elle. Sauf pour quelques tournées, qui peuvent avoir été des tournées archéologiques et non des tournées

(1) Cette ligne supplémentaire n'existe que sur un des relevés. On y lit aussi : « 1778 et 79 : Limoges et courir la province ».

de représentations théâtrales — notre relevé ne fournit à cet égard aucun renseignement — il semble qu'à dater de cette époque Beaumesnil n'ait guère quitté Limoges et que la compagne de sa vie agitée n'en ait plus bougé.

Nous ne savons trop ce que valait le comédien : il tenait (au moins sur la fin de sa carrière) l'emploi des *pères nobles*, et avait « une tête d'un beau caractère qui convenoit parfaitement à cet emploi » (1). L'archéologue, on va le voir, a été assez sévèrement jugé. Quant à l'homme, nous ne le connaissons pas beaucoup; mais le peu que nous en savons n'est pas de nature à nous inspirer pour lui une sympathie bien vive ni une entière estime. Les écarts de son crayon attestent la polissonnerie du cabotin le plus vulgaire et un goût prononcé pour l'obscénité. Peut-être les mœurs de l'artiste furent elles, au demeurant, tout au moins dans la seconde partie de sa carrière, moins dévergondées que son imagination. — Le personnage avait beaucoup d'aplomb et savait donner une haute idée de sa science aux modestes érudits de province qu'éblouissaient sa faconde et la richesse de ses portefeuilles. L'abbé Legros, par exemple, manifeste en plusieurs endroits une véritable déférence pour l'autorité de Beaumesnil. — Nous savons par ailleurs que l'archéologue était peu scrupuleux et qu'il oubliait volontiers de mentionner le nom des auteurs des travaux originaux dans lesquels il avait largement puisé, qu'il avait même parfois copiés sans façon. Il semble du reste avoir mis lui-même, avec une certaine obligeance, ses dessins et ses notes à la disposition des antiquaires avec lesquels il se trouvait en rapport.

M. Allou commet une erreur — qu'il rectifie au reste en plusieurs autres endroits de son ouvrage — en faisant remonter à 1774 seulement la venue à Limoges de Beaumesnil. Cette date, ou plutôt celle de 1775, fournie par l'itinéraire, est celle à laquelle le comédien et sa femme, contraints de renoncer à une existence qui ne convenait plus à leur âge, s'arrêtèrent dans notre ville avec l'intention d'y passer le reste de leur carrière. Les deux pauvres vieillards devaient se trouver à peu près sans ressources, et c'est, selon toute vraisemblance, pour assurer le pain de leurs dernières années que les protecteurs et les amis de l'artiste, entr'autres M. de Lépine, subdélégué et secrétaire général de l'Intendance, collectionneur éclairé, firent des démarches afin d'obtenir que l'Académie des Inscriptions comprit le nom de l'acteur dans la liste des savants auxquels des subventions étaient accordées sous une rubrique ou sous une autre. Une lettre de M. d'Aine, Intendant de la généralité de

(1) Notice de M. Martin.

Limoges, datée du 27 mai 1780, fit enfin connaître à Beaumesnil que l'Académie, s'intéressant à ses travaux, lui conférait le titre de correspondant (1), le chargeait officiellement de recueillir les dessins des antiquités de la région, et qu'il lui serait dorénavant alloué chaque année un traitement de mille livres, plus une somme de cinq cents livres à titre de frais de voyage (2). La décision paraît être du 24 mars 1780.

La liasse C 264 des archives du département de la Haute-Vienne conserve la minute de plusieurs ordonnances de paiement délivrées par l'Intendance, au cours des années 1785 et 1786, au profit de Beaumesnil. Elles sont ainsi conçues :

« Vu les ordres du Conseil du 24 mars 1780,

« Il est ordonné au sieur de Montgrand, receveur général des Finances, ou au sieur Liron, son commis servant près de nous, de payer au sieur Beaumenil, correspondant de l'Académie royale des Inscriptions et Belles lettres, la somme de cinq cent livres pour les six premiers (ou les six derniers) mois de la gratification annuelle qui lui a été accordée, qui échoiront le 1er juillet (ou le 1er janvier) prochain : de laquelle somme il sera tenu compte au dit sieur de Montgrand sur les fonds libres de la capitation de notre généralité, de l'année, en rapportant la présente ordonnance acquittée.

En même temps qu'il mandatait la moitié de la gratification annuelle allouée au protégé de M. de Lépine, l'Intendant ordonnançait tous les six mois, au nom du vieux comédien, une somme de 250 livres, « moitié de celle qui lui a été destinée pour ses frais de voyage de la présente année ».

Nous avons vu que l'itinéraire de Beaumesnil s'arrête à l'année 1786. La tournée qu'il fit dans le Maine et le Vendômois cette année là devait-être le dernier de ses voyages. Un de ses biographes, M. Martin, qui l'avait personnellement connu, s'exprime ainsi au sujet de sa dernière maladie (3) :

« A soixante-douze ans (4), revenant de l'Anjou, du Berry et

(1) Peut-être avait-il été chargé déjà de dessiner des monuments pour l'Académie. En tout cas, il avait fait à la docte Compagnie des envois de dessins et autres communications bien avant 1780.

(2) Cette lettre se trouvait dans la collection Lenoir. Elle est citée dans un substantiel article de M. C. Couderc, publié au tome XIV (p. 105) des *Mémoires de la Société des Lettres de l'Aveyron : Note sur des calques de dessins de Beauméni, représentant des sarcophages trouvés à Rodez*. Nous avons beaucoup emprunté à cette note.

(3) Rapport lu à la séance publique de la Société d'agriculture de la Haute-Vienne, du 24 mai 1812.

(4) Tripon dit : quatre-vingts. Rappelons que Beaumesnil est mort à 69 ans seulement.

d'autres provinces limitrophes, où il était allé par ordre de l'Académie, pour dessiner quelques monuments du moyen âge, il fut attaqué d'une hydropisie de poitrine qui l'enleva en peu de temps ».

Beaumesnil mourut le 27 mars 1787, « à cinq heures du soir », dans la maison d'un sieur Castelnau, peut-être une modeste auberge des faubourgs. Il avait été assisté dans sa dernière maladie par le lettré Vitrac, ancien principal du Collège, alors curé de Montjauvy, qui sans doute le connaissait depuis longtemps, et qui reçut sa confession. L'acteur fut enterré le lendemain, dans le cimetière de la paroisse de Saint-Michel de Pistorie (1), sur le territoire de laquelle il était décédé. L'abbé Vitrac assista aux funérailles et signa l'acte d'inhumation, avec le propriétaire ou le logeur, le curé Cosse et un sieur Noualhier.

Le 3 décembre de l'année suivante, la veuve de l'archéologue mourait à son tour. Elle habitait la paroisse de Saint-Pierre et fut inhumée, le 4, dans le cimetière de cette église. Elle avait reçu les sacrements. Il n'est pas téméraire de supposer que la charité de Vitrac, comme celle de M. de Lépine, avait entouré les derniers jours de la vieille comédienne d'une affectueuse sollicitude. Nous le retrouvons en effet au pauvre convoi, et c'est lui qui, en qualité de « prêtre commis », c'est-à-dire avec l'autorisation du curé de Saint-Pierre, préside la cérémonie religieuse. A côté de son nom, au registre des enterrements, nous relevons celui du libraire Isecq (2).

M. Martin nous apprend, dans la notice à laquelle nous avons déjà recouru plusieurs fois, que Mme Beaumesnil décédée, sans héritiers, avait voulu témoigner sa reconnaissance à M. de Lépine en le faisant son légataire universel.

L'abbé Legros, qui cite Beaumesnil et qui eut plus d'une fois recours à son expérience, lui consacre les lignes suivantes, dans sa *Continuation des Annales de Limoges* (3).

« Le 20 (sic) mars 1787 étoit mort à Limoges le sieur Pierre Beaumesnil, ci-devant comédien de profession. Ce savant artiste excelloit dans l'art de dessiner l'antique ; mais les observations qu'il joignoit à ses dessins n'étoient ni pures, ni correctes, ni souvent judi-

(1) Ce cimetière était placé entre l'avenue actuelle du Pont-Neuf et la rue des Sœurs-de-la-Rivière.

(2) L'acte de sépulture de Beaumesnil, que nous avons publié dans notre notice sur les *Anciens Registres des paroisses de Limoges*, est au fol. 120 v° du reg. GG 156 ; celui de l'inhumation d'Aimée Gouslin se lit au fol. 32 v° du reg. GG 66.

(3) N° 12 des Mss des Sulpiciens du Séminaire de Limoges, p. 327.

cieuses. Le Priapisme étoit son goût favori : il y rapportoit toutes ses recherches. Sa collection de copies d'antiques étoit immense. Il en avoit fait passer une grande partie à l'Académie, dont il étoit membre. »

Nous avons vu plus haut l'auteur de la *Description des Monumens de la Haute-Vienne* témoigner de l'inexactitude des dessins de Beaumesnil. M. Allou revient sur cette critique en maint endroit de son ouvrage. En parlant, par exemple, des reproductions de bas-reliefs laissées par l'acteur, il écrit : « Le peu qu'on voit de ces têtes ne ressemble même pas aux dessins qu'il (le comédien) en donne et que son imagination paraît avoir singulièrement embellis ». Ailleurs, à propos des renseignements précis fournis par Beaumesnil sur les matériaux des Arènes de Limoges, leur provenance, leur extraction, leur transport, etc. : « Tous ces détails paraissent le fruit de son imagination, bien plus que le résultat d'observations exactes... Nous aurons du reste plus d'une occasion de signaler des inexactitudes de ce genre dans les observations de Beaumesnil, et il paraît qu'on en a fait de même dans la plupart des contrées dont il a décrit les monumens. Ce n'est donc qu'avec une grande réserve qu'il faut admettre ses opinions, en rendant toutefois justice à son zèle et en profitant de ce que ses travaux ont de véritablement utile (1) ».

Ajoutons qu'en plusieurs endroits, M. Allou signale de notables différences ou même des contradictions entre les dessins de l'artiste et les indications fournies par ses notes, ou même entre divers croquis d'un même objet laissés par lui.

M. Allou n'est pas le seul de cet avis, et Beaumesnil a été apprécié de la même façon par tous ceux qui ont étudié avec quelque attention ses notes. On sait ce que dit, de lui et de ses dessins, M. Prosper Mérimée dans son *Voyage en Auvergne* (2) :

« On conserve, dans l'Hôtel-de-Ville (3), quelques mémoires de l'acteur Beaumesnil.... Ces mémoires, très volumineux et accompagnés de nombreux dessins, d'ailleurs fort incorrects, renferment quelques faits curieux ; mais leur auteur y fait preuve, ou d'une crédulité si grossière ou plutôt d'une si insigne mauvaise foi, que tous les faits qu'il rapporte, probables ou non, doivent inspirer une égale méfiance. Peut-être avait-il l'intention de publier ses manuscrits; peut-être les destinait-il seulement à quelques antiquaires

---

(1) *Description des Monumens de la Haute-Vienne*, p. XII et 58.
(2) *Notes d'un voyage en Auvergne*, par Prosper Mérimée. — Paris, H. Fournier, in-8º, 1838, p. 100, 101.
(3) De Limoges. Nous ne nous expliquons pas comment les papiers de Beaumesnil pouvaient, vers 1838, se trouver déposés à l'Hôtel-de-Ville.

qu'il voulait mystifier. Entr'autres inventions qui montrent la tournure de son esprit, il dessine toute une série de tombeaux et de bas-reliefs accompagnés de caractères bizarres, grecs, étrusques, romains, et surtout de quantité de phallus de toutes formes. — Ces emblèmes érotiques paraissent amuser fort M. Beaumesnil, car il en voit partout, — mais toujours dans des monuments détruits ».

— « Ses dessins, écrit M. Le Blant, fournissent çà et là de précieux documents. Ils sont exécutés avec une certaine adresse, mais sans aucune conscience. Quelques-uns des monuments qu'il figure sont de pure invention, au moins pour la plus grande partie des détails. Ses copies d'inscriptions ne présentent aucun sens et sont à peine reconnaissables lorsqu'on les compare à ceux des originaux qui nous sont parvenus » (1).

Et M. Léon Renier :

« Beaumesnil fut chargé de dessiner pour cette savante compagnie (l'Académie des Inscriptions) les inscriptions et les antiquités romaines du Centre de la France. Il recevait pour cela une pension du Gouvernement. Mais on ne trouve pas toujours des inscriptions et des monuments antiques, et Beaumesnil, afin sans doute de conserver plus longtemps sa pension, crut devoir suppléer à la pénurie de ses découvertes par la richesse de son imagination. On ne saurait trop se défier de ses dessins, qui sont, pour les antiquités romaines d'une partie de la France, ce que sont, pour celles de l'Italie, avec beaucoup plus de science toutefois, les manuscrits du fameux Pirro Ligorio » (2).

Dans un curieux rapport sur un manuscrit de Beaumesnil (qu'il appelle Dumesnil), relatif aux antiquités de la ville d'Agen, M. de Saint-Amans, membre de la Société d'Agriculture, Sciences et Arts du Lot-et-Garonne, tout en louant l'élégance et même la « fidélité » des dessins du comédien-archéologue, reconnaît que ce recueil ne se recommande « ni par la méthode, ni par la critique, ni par la sagacité de son auteur » et ajoute que Beaumesnil, en copiant les ouvrages et les notes qui lui ont été communiqués, et en s'abstenant de mentionner les noms de ses correspondants, « donne la mesure de son érudition et de sa reconnaissance » (3).

(1) *Inscriptions chrétiennes de la Gaule*, t. I, p. 25.
(2) Compte rendu du tome VIII des *Mémoires de la Société d'agriculture, sciences et arts d'Agen*, ap. *Revue des Sociétés savantes des départements*, 2ᵉ série, t. III, année 1860, p. 38.
(3) *Recueil des travaux de la Société d'agriculture, sciences et arts d'Agen*, second recueil, 1812, p. 246, 247, 271.

Notre homme a, d'après M. Jullian (1), « dédoublé des inscriptions en donnant des variantes qu'il imaginait lui-même. Il a dessiné des monuments qui n'existaient pas en y appliquant des inscriptions qu'il copiait dans les livres... Son point de départ est à peu près toujours le même : une inscription déformée, ou un texte imprimé *transformé.* »

Le capitaine Espérandieu conclut que le comédien a été « le plus effronté faussaire que le dix-huitième siècle ait produit (2) ».

Nous n'avons trouvé un éloge sans réserve des dessins et des descriptions de Beaumesnil que sous la plume du candide Tripon et celle de M. Martin. Le premier vante « l'exactitude minutieuse » du correspondant de l'Académie des Inscriptions ; le second assure qu'on trouve chez lui « pureté, correction, exactitude minutieuse ». Mais c'était une sorte d'éloge funèbre qu'écrivait le secrétaire de la Société d'agriculture, et la façon dont l'auteur de l'*Historique monumental* entendait la fidélité se rapprochait un peu de la méthode de Beaumesnil...

M. de Lépine, nous l'avons dit, hérita, à la mort de Mme Beaumesnil, de ce qu'elle avait conservé des papiers, dessins et gravures de son mari. Celui-ci n'était pas sans avoir distrait de ses portefeuilles, au profit de ses correspondants et de ses protecteurs, une portion de ses notes. Peut-être avait-il vendu tout ou partie de ses collections de gravures, dont on ne trouve plus trace. Après la mort de M. de Lépine, les manuscrits de Beaumesnil furent acquis par un M. Ruffin, qui s'était fixé à *Limoges* après avoir passé un certain temps en Amérique. M. Ruffin les possédait encore en 1837, et c'est à lui que Tripon en dut communication.

Comment une quantité notable de ces manuscrits entrèrent-ils dans les collections de M. Albert Lenoir, fils du fondateur du Musée des Petits-Augustins, connu lui-même par l'installation des galeries de Cluny, et mort le 17 février 1891 (3), nous n'avons pu le savoir, et il nous a été impossible de connaître le sort de cette partie des papiers du comédien-archéologue, qui contient entre autres : des documents personnels (4); un « cahier in-4° concernant les monu-

(1) *Inscriptions romaines de Bordeaux.*
(2) *Inscriptions de la Cité des Lémoviques*, p. 233.
(3) Voir la notice consacrée à M. Lenoir par M. Ch. Yriarte dans le *Magasin pittoresque* de 1891, p. 143, et celle de la *Grande Encyclopédie.*
(4) Entre autres la lettre de M. d'Aine du 17 mai 1780, citée plus haut. (*Mémoires de la Société des Lettres de l'Aveyron*, tome XIV, article de M. C. Couderc, déjà cité.)

ments d'Auch, Moissac, Rodez (1) ; un recueil intitulé : *Antiquités et monuments anciens du Bourbonnois* » (2) ; des relevés d'inscriptions antiques d'Arles (3), etc.

Le manuscrit français n° 6975 de la Bibliothèque nationale renferme (n°s 309 à 330) les copies dues à l'abbé de Tersan, mort en 1819, des dessins de Beaumesnil reproduisant les tombeaux antiques de Rodez.

La bibliothèque de la ville de Poitiers possède depuis longtemps un recueil de Beaumesnil, comptant 130 feuillets et relatif aux antiquités du Poitou (4). Il se trouve des reproductions des dessins de ce manuscrit au tome LXXIV, n° 547, de la collection de D. Fonteneau, à la même bibliothèque.

Un cahier de notre archéologue, intitulé : *Antiquités de la ville d'Agen*, renfermant cinquante-deux dessins qui se rapportent à cette ville, la reproduction de deux bagues trouvées à Fourques entre La Réole et Sainte-Foy, enfin quelques vues ou détails des abbayes de Belle-Perche et d'Alby, accompagnés « de notes assez étendues », a été étudié par M. de Saint-Amans, membre de la Société d'Agriculture, Sciences et Arts d'Agen, qui présenta, le 5 janvier 1809, à cette compagnie, un rapport détaillé sur ce manuscrit : rapport inséré au tome second des *Mémoires* de la Société. Il résulte de ce rapport que le cahier en question « existoit à Limoges » ; comment en était-il parti ? Nous ne saurions le dire. Toujours est-il que ce recueil, appartient aujourd'hui à la Société d'agriculture du Lot-et-Garonne (5).

Ajoutons que M. Le Blant mentionne des dessins et papiers du comédien conservés à Aix et d'autres « chez M. de Lagay (6). M. Jullian en a connu d'autres.

Presque tous les auteurs qui se sont occupés de Beaumesnil ont répété, sur la foi de Millin, croyons-nous, que la Bibliothèque Mazarine et la Bibliothèque de l'Institut conservaient une importante portion des manuscrits du comédien. Que les Archives de l'Acadé-

---

(1) Le Blant, *Inscriptions chrétiennes*, I, 25. Ces dessins, ceux au moins concernant Rodez, portent la date de 1764. Nous savons qu'en effet Beaumesnil séjourna à cette époque dans cette ville.

(2) Le Blant, t. I, 25, t. II, 257.

(3) *Ibid.*, p. 257, 258, 264.

(4) N° 384 du dernier catalogue des manuscrits.

(5) *Second Recueil des travaux de la Société d'Agriculture, Sciences et Arts d'Agen*. Agen, Noubel, 1812, in-8°, p. 243 à 270. Voir aussi t. VIII des *Mémoires* de la même Société, p. 110 et 148.

(6) *Inscriptions chrétiennes*, t. I, p. 25.

mie des Inscriptions aient possédé beaucoup de dessins et de rapports ou de notes envoyés par lui, ce n'est pas douteux. Plusieurs de ces communications sont signalées par Legros, par Duroux, par Allou, par Juge de Saint-Martin. En ce qui concerne notamment les monuments à emblèmes priapiques trouvés dans les fouilles de l'Evêché, Duroux et Tripon rapportent que le comédien, ayant obtenu en 1759 la permission de dessiner ces objets, en adressa des figures à l'Académie, et qu' « il n'est resté de son travail que quelques croquis sauvés de l'oubli par M. Martin, secrétaire de la Société royale d'agriculture » (1). Quoiqu'il en soit, il nous a été affirmé deux fois, à douze ou quinze années d'intervalle, de la façon la plus catégorique, que ni la Bibliothèque de l'Institut, ni la Mazarine ne possèdent rien des papiers de Beaumesnil. M. Le Blant avait reçu la même réponse (2).

Nous n'avons pu découvrir ce que sont devenus les manuscrits que M. Mérimée, dans son *Voyage en Auvergne*, assure avoir consultés à l'Hôtel-de-Ville de Limoges ; nous ne nous expliquons même pas comment ils pouvaient, à cette époque, s'y trouver déposés.

A notre connaissance, trois personnes seulement, dans le département de la Haute-Vienne, possèdent aujourd'hui des manuscrits et notes de Beaumesnil : MM. Paul Mariaux, avocat ; Léonce Pichonnier, manufacturier à Limoges, et Ch. Nivet-Fontaubert, à la villa Saint-Georges, près Aixe. Tous ces documents, nous en avons la preuve, ont appartenu à M. Ruffin.

Les papiers qui sont entre les mains du premier proviennent du cabinet du grand'père de Mme Mariaux, feu M. Maurice Ardant, numismate distingué, ancien vice-président de la Société archéologique. Quelques feuillets seulement de ces manuscrits concernent le Limousin. Ils constituent un fragment de cahier petit in-folio (31 centimètres sur 20) comprenant douze pages numérotées 1, 2, 7 à 16 et ayant pour titre : *Antiquités de la ville de Limoges et païs Limousin*. C'est un aperçu historique et archéologique ayant trait presque exclusivement à la période gauloise et à la période romaine, et n'apprenant rien qu'on ne sache par ailleurs. Toutefois les indications sur les édifices, les ruines et les inscriptions, sculptures, monnaies recueillies sur divers points ont un certain intérêt. Beaumesnil y apporte le fruit de ses recherches et de ses observations personnelles ; mais il semble que, dans cette partie de son travail

---

(1) Duroux : *Sénatorerie de Limoges*, p. 124 ; Tripon : *Historique monumental*, p. 35. — Nous ferons remarquer que le séjour de Beaumesnil à Limoges en 1759 n'est pas mentionné à l'itinéraire page 52 ci-dessus.

(2) *Inscriptions chrétiennes*, t. II, p. 603.

qu'on doit tenir pour originale, l'artiste ait mis beaucoup trop de son propre fond. Tout monument un peu fruste, toute figure d'aspect barbare est rattaché par lui à l'âge antérieur à la conquête romaine. Les *barbarins* des douzième et treizième siècles deviennent des monnaies gauloises; des têtes et modillons portant incontestablement le cachet du moyen âge sont présentés comme des images de divinités celtiques, de « druides » ou de « vergobrets ». Beaucoup de ces dessins, du reste, révèlent une interprétation évidente. Peut-être les lignes principales sont-elles fidèles, ou tout au moins rappellent-elles l'aspect du monument que le dessinateur prétend avoir reproduit. Mais il est hors doute que les détails ont été, soit fournis par l'imagination de l'artiste, soit empruntés à ses souvenirs. La mémoire de notre homme était des plus riches : il avait beaucoup vu, beaucoup retenu, et beaucoup dessiné. Sa prodigieuse facilité devenait une tentation de plus de corriger et d'embellir les objets qu'il avait devant les yeux. Il y céda souvent.

Le cahier de M. Mariaux, outre les cinq dessins d'édifices antiques que nous avons énumérés ci-dessus (n°⁸ 31, 32, 33, 57 et 63), ne renferme pas moins de quarante-cinq reproductions (1), la plupart d'une remarquable finesse et d'une netteté exagérée, — d'autels, bas-reliefs, corbeaux, têtes sculptées, médailles, monnaies, objets divers, trouvés presque tous à Limoges ou dans la banlieue. Nous n'avons pu identifier aucun de ces dessins avec des monuments existants aujourd'hui, afin de nous faire une opinion précise sur le degré d'exactitude de ces croquis et par suite sur leur valeur archéologique. Nous le disions plus haut, ces dessins nous paraissent inspirés par des objets appartenant pour la plupart, de la façon la plus évidente, à l'art du moyen âge. M. Allou, qui, plus heureux, avait pu comparer certaines de ces figures avec les monuments eux-mêmes qu'elles étaient censées reproduire, a pris sur le fait l'infidélité du crayon de Beaumesnil, en ce qui a trait précisément à cette série d'objets.

Outre ce cahier, dans lequel, fait assez singulier, on ne saurait reconnaître aucun des quatre cahiers cités par Allou (nous avons fait la vérification avec le plus grand soin), M. Mariaux possède d'assez volumineux mémoires de notre artiste sur l'archéologie grecque et romaine, les arts, les mœurs, les institutions ; des tables chronologiques, des recherches sur le supplice de la croix chez les divers peuples, des notes sur l'Asie Mineure, une copie du *Discours de la religion des anciens Romains*, par noble seigneur Guillaume du Choul, plus un certain nombre de feuillets détachés, — tout cela orné de dessins quelques-uns fort curieux.

(1) Plusieurs autres dessins étaient tracés sur de petits morceaux de papier rattachés au cahier par des bandelettes. Ils ont disparu.

Voici le relevé des figures que renferme le cahier de M. Mariaux (1) :

(N° 71). — Spécimen de Barbarin d'argent, trouvé près les Pénitents-Rouges en 1742, et appartenant, en 1747, à M. Fradet, [ancien] secrétaire de l'Intendant de Saint-Contest. Figure barbue très visiblement traduite ; au revers, un autel triangulaire ou quadrangulaire avec des instruments de sacrifice ; au-dessus, des caractères d'écriture inconnue : pas d'autre légende. Beaumesnil juge ces caractères « phéniciens ou tyriens ».

Autre monnaie ou médaille trouvée près du bourg de Saint-Angel, présentant d'un côté un centaure casqué, foulant un corps sous les pieds ; de l'autre, « un gaulois nud, tenant un arc de la main gauche, et des *choses bizarres et inconnues* de la droite » ; n'appartient pas à notre recueil.

(N° 72). — Autre médaille, en bronze rouge, trouvée « de l'autre côté du pont Saint-Etienne, en fouillant la terre », représentant du côté convexe la tête d'un chef, chevelue et aux traits fortement accentués ; de l'autre, des dessins grossiers figurant un oiseau et divers autres objets. Restes de grenetis au pourtour des deux faces.

(N° 73). — « Tête fort barbare pour le caractère, de pierre du pays, qui est une espèce de granite, haute de 16 poulces sur 14 de large », trouvée près la place Tourny, en 1747.

(N° 74). — « Tête aussi en bas-relief, sur pierre plus grossière et moins bien choisie, d'un poulce environ plus haute que la précédente, et non moins barbare, à la cirerie de M. Poncet, vers Saint-Lazare ».

(N° 75). — Bas-relief représentant deux têtes accolées, une de femme, avec une sorte de cornette fermant sous le cou, et une d'homme chevelue et barbue, « de pierre du païs, un peu plus petite que nature, trouvée dans les décombres d'une maison près le pont Saint-Martial ».

(N° 76). — « Quatrième pierre, du même grain, de 18 poulces fort de haut sur 13 poulces 7 lignes de large, sur laquelle sont deux têtes. Comme celle de femme prime sur l'autre, elle donne lieu de croire qu'elle est la véritable héritière de la puissance et que c'est elle qui a porté le sceptre aux mains de son époux » etc. « J'ay vu cette pierre servir de siège sur le bord du bassin des Goulennes » (*sic*).

(1) Nous ne donnons un numéro qu'aux dessins relatifs à des objets trouvés à Limoges.

(N° 77). — Tête d'homme chevelue et barbue, vue de face, « 14 poulces de haut sur environ 10 de large au haut, et près de 22 poulces par le bas, trouvée près de la Monnoye ».

(N° 78). — Pierre « ayant 20 poulces de large et pas tout à fait un pied de hault », représentant une tête de femme en face d'une figure d'homme à longue barbe et à longs cheveux. Cette sculpture se voyait dans la cour des Feuillants.

(N° 79). — « Pierre haute de 13 poulces foibles sur près de 16 de large, ayant une tête de femme assez belle et d'une coiffure toute différente des autres, en manière de talpouche orientale (sorte de béret ou de bourrelet d'enfant garni de bandelettes ou de rubans croisés), trouvée près la porte Montmailler, dans les dehors de la ville ».

(N° 80). — Tête de vieillard très fruste, en relief sur une pierre surmontée d'une demi-sphère et offrant tout à fait l'aspect de certaines mosquées, « 19 poulces de haut sur 16 de largeur et autant d'épaisseur », dans un jardin près les Pénitents-Rouges.

(N° 81). — « Neuvième pierre de la même classe et du même genre que les précédentes, dont la seule différence consiste que *(sic)* les deux époux sont sous le même voile » : 11 pouces 4 lignes de haut, sur 15 poulces 5 lignes de large. Dans un jardin au-delà du pont Saint-Etienne.

(N° 82). — Pierre présentant en bas-relief une tête de femme enveloppée comme les précédentes d'une coiffure couvrant toute la tête, et que Beaumesnil estime être une reine du pays : 20 pouces de haut sur 17 de largeur. Trouvée près de Limoges, « en fouillant des terres ».

? (N° 83). — Pierre présentant le buste d'une personne nue et à longs cheveux, que Beaumesnil croit « d'une vieille femme », trouvée parmi les décombres du pied d'une croix cassée que l'on démolit, en 1747, pour dégager le chemin : 17 pouces 8 lignes de haut sur 13 pouces 5 lignes de largeur.

(N°s 84 et 85). — Deux fragments d'un autel ou d'un tombeau provenant l'un d'une maison, presque toute de torchis, du faubourg Manigne ; l'autre d'une métairie, « à plus d'une demi-lieue de la ville », où elle sert de banc dans une cour. Ces fragments mesurent chacun 22 pouces de haut sur 32 à 33 de largeur et 15 pouces 7 lignes de haut ; ils représentent chacun une tête de femme coiffée comme les précédentes et une tête d'homme chevelue et barbue, couverte également d'une sorte de bonnet.

(N° 86). — « Bas-relief d'une très grande saillie, dont le tout a de hauteur 3 pieds 5 lignes, sur 20 poulces de large au plus resserré. Ce monument me semble être le buste d'un Hermaphrodite ». Il était en 1747 dans les fossés, entre la porte Manigne et la porte Boucherie.

(N° 87). — Tête de femme avec une sorte de chaperon, de 12 à 14 pouces de haut. « Je pense, opine le comédien-antiquaire, que cette tête représente *Arduena*....on peut encore conjecturer que c'est le viaire d'une Isis », etc.

(N° 88). — « Autre presque semblable et pour l'attitude et pour la coeffure ».

(N° 89). — « Autre, d'une semblable coiffure, mais inclinée », le cou pris dans une guimpe faisant corps avec les bandeaux qui lui entourent la tête — « toujours dans le costume égyptien », ajoute notre antiquaire.

(N° 90). — Autre tête dans le même genre, coiffée d'une sorte de chaperon, « à l'Egyptienne ».

(N° 91). — « Pierre de 8 à 9 pouces de haut, au portail avancé d'une maison immédiatement après le pont qui est sur le ruisseau qu'on rencontre après le clos des Feuillans ». Toujours Isis.

(N° 92). — Autre tête « qui est toujours la même divinité ».

(N° 93). — Autre tête du même genre, n'étant pas toutefois, comme les n°s précédents, surmontée d'une tablette indiquant qu'elle a servi de corbeau.

(N° 94). — Bas-relief représentant un monstre hideux dont on ne voit que la tête énorme, toute en gueule, avec deux yeux ronds et deux griffes formidables s'allongeant au-dessous.

Les monuments n°s 88 à 94 se trouvaient « au haut d'un mur de jardin, à l'entrée du chemin neuf de Toulouse, peu après avoir tourné du pont Saint-Martial », — où ils étaient « rangés dans un certain ordre ».

(N° 95). — « Crampon de cuivre jaune, de 9 pouces de long, 4 pouces 2 lignes de tête, 20 lignes d'épaisseur et pesant près de 13 livres. Trouvé en 1743 dans les environs de la ville en fouillant pour un bâtiment ». L'objet était en la possession de M. Fradet, secrétaire de l'Intendant. On trouve cet objet reproduit aux copies des dessins d'Allou que possède la Société archéologique du Limousin, planche I, n° 7.

(N° 96). — « Pierre noire du pays, haute de 19 pouces sur un peu plus de 13 de large, en un jardinage au-delà du pont Saint-Estienne », présentent en relief une sorte d'œuf terminé par une tête de femme, avec deux seins marqués au-dessous. Des palmes ou fleurons aux quatre coins. Une fleur de lys en haut à gauche. « Cette pierre ne s'est plus trouvée l'automne suivant, que je suis revenu en cette ville ».

(N° 97). — Bas-relief représentant « un amas de neuf têtes humaines, avec une dixième, qui a de l'air de celle d'un lyon ». Beaumesnil pense « que c'est une théogonie qui ne peut être que gauloise ».

« Médaille gauloise, trouvée en Limousin, à M. de Lépine ». Une grande figure à cheveux roulés occupe la face. Au revers, un motif d'ornement qui semble d'un tour bien moderne; un grenetis autour.

? (N° 98). — Médaille certainement du moyen âge, sur laquelle Beaumesnil croit distinguer des caractères phéniciens.

? (N° 99). — Médaille gauloise, à M. de Lépine. Au droit, une tête de femme « scavoir si c'est une princesse ou une druyades (sic); au revers, « une hache entre deux boucliers ».

? (N° 100). — Autre à M. de Lépine : « Viaire imberbe avec la lettre T et une espèce de massue. Le revers est une figure symbolique composée d'un profil et d'une jambe avec la cuisse sur une manière d'anse, un collier, une épée, » etc.

? (N° 101). — « Autre gauloise, avec le mot Osiris » (en lettres romaines). Au revers un cheval et une espèce de serpent avec des caractères peu distincts.

? (N° 102). — Petite monnaie, appartenant aussi à M. de Lépine. « D'un côté est une Scythe ou une Néréide. Sa queue de poisson retroussée est très visible », etc. Au revers, deux croissants opposés, et l'un sur l'autre.

(N° 103). — « Tête de pierre d'environ 14 poulces de toute hauteur, qui, en 1747, étoit dans la construction d'une vieille maison en la rue du Consulat, un peu au-dessous de la maison de ville.... La maison ayant été rebâtie..... elle ne se retrouve pas ».

(N° 104). — Autre tête de pierre, nue et sans barbe.

(N° 105). — « Pierre d'un peu plus d'un pied de toute hauteur, qui paraît être d'un fort bon ciseau et pourroit bien représenter Dis et Hercule des Egyptiens, ou bien Teutatès et Esus des Gaulois ».

(N° 106). — Tête imberbe et sans cheveux, avec le haut du buste : « pourroit bien être le Mercure des Gaulois ».

Les trois pierres ci-dessus n°ˢ 104, 105, 106, se trouvaient, en 1770, « dans la construction d'une maison en la rüe Saint-Martial, laquelle est rebâtie de neuf, et ces trois monuments ont disparu ».

(N° 107). — Figure, avec la coiffure enveloppant toute la tête dont nous avons déjà trouvé plusieurs spécimens plus haut. Elle avait environ un pied de hauteur et servait de borne à la porte du Jeu-de-Paume, en 1747.

(N° 108). — Tête d'environ un pied de haut, avec coiffure analogue à la précédente, « au coin isolé de la Comédie, rue Banléger, dans la petite placette qui est devant la muraille de l'église des Ursulines ».

Toutes ces têtes supportent une tablette. Beaumesnil observe que ces tablettes « semblent pratiquées pour poser le guy sacré ou pour marquer la stabilité de la divine toute-puissance ». — « Je crois, ajoute-t-il, que c'est de ces monuments que les gothiques ont emprunté leurs consoles avec des têtes ». La vérité est que la plupart de ces sculptures paraissent être des œuvres du moyen âge.

Dessin d'une médaille de bronze, appartenant à M. de Lépine et trouvée « dans le pays ». Tête d'homme sans barbe. Au revers, un cheval à face humaine ; au-dessous, une main ouverte, divers autres objets peu reconnaissables.

Médaille provenant du cabinet du président de Rieux, présentant de l'analogie avec la précédente (aucune raison pour la croire limousine).

Le théâtre de Duratius, d'après un dessin de 1593 (voir ci-dessus n° 31; copies d'Allou, pl. I, n° 3 des mon. romains).

Le palais de Duratius, d'après un dessin de 1593 (n° 32 ci-dessus et copies d'Allou, pl. I, n° 1 des mon. romains).

Autre dessin du palais de Duratius (n° 57 ci-dessus).

Vue du palais de Duratius, prise à l'autre extrémité (n° 33 et copies d'Allou, pl. I, n° 4 des mon. romains).

Dessin d'un Barbarin fort intéressant, bronze rouge (22 millimètres de diamètre), appartenant à M. de Laubanie, à Brive, et trouvé près de Saint-Yrieix. La tête de saint Martial est accostée des lettres S M, et le revers porte une croix avec le mot Karlus (Charles le Simple ?)

(N° 109). — Autre barbarin (25 millimètres de diamètre), dessiné en 1747, par Beaumesnil, d'après un spécimen appartenant à l'abbé Turin, aumônier des Pénitents-Gris, et trouvé « tout près la porte des Arènes, à l'intérieur de la ville ».

Restes d'un édifice antique (voir n° 63 ci-dessus et copies d'Allou, pl. II, n° 5).

(N° 110). — Médaille de bronze (41 millimètres de diamètre), à l'effigie d'Adrien (au revers, lég : *Liberalitas Augusti* ; exergue : s. p. q. lem.), trouvée près de la « pile de l'hôpital, au bord du grand chemin du pont Saint-Martial. Elle appartenait à Beaumesnil, puis fut, nous dit-il, « mise en les mains de Monsieur d'Orsay, intendant de Limoges, qui fut jaloux de cette pièce que je possédois, ainsi que beaucoup d'autres qui avoient été trouvées dans le terrain de l'Amphithéâtre ».

(N° 111). — « Restes du palais de Léocadius, tel qu'il étoit en 1747, faisant partie de jardinages, qui surmontent les chantiers » (1), d'environ 30 toises de long sur 20 à 22 de large, épais de 7 pieds en la plus grande partie et jusqu'à 15 pieds en d'autres.

La date de 1747, nous l'avons dit, se rapporte à un des principaux séjours que Beaumesnil fit à Limoges, et à un de ceux où il recueillit le plus de dessins et de notes sur les anciens monuments de cette ville. La vue que nous avons ici n'est donc plus une copie d'un ancien dessin, mais un croquis original de Beaumesnil. Les indications qu'elle fournit sont par malheur d'un médiocre intérêt. Ce dessin, de 83 millimètres de haut sur 95 de large, représente un grand enclos qui semble à peu près rectangulaire : un chemin le traverse de part en part de gauche à droite, paraissant passer, à l'extrémité de gauche, entre les piles d'une ancienne porte. À droite, au bord de la brèche par où ce chemin pénètre dans l'enclos, une grande croix, à extrémités fleuronnées, soutenue sur une espèce de chevalet ou de triangle en fer, au-dessous duquel on aperçoit une sorte de cippe avec dôme présentant exactement l'aspect de la pierre sculptée n° 80 ci-dessus ; mais ce ne peut être la même, puisque cette dernière se trouvait aux Pénitents-Rouges. Un second chemin se dirigeant vers le spectateur se détache du premier vers le milieu de l'enclos. La muraille, qui semble peu élevée et qui paraît n'offrir de saillies ou de contreforts que sur le côté où s'ouvre la porte mentionnée plus haut, est mieux conservée dans la partie supérieure que dans la partie basse. Au fond, un peu à droite, au-delà du mur, on aperçoit, surgissant derrière les broussailles et les herbes qui recouvrent celui-ci, un énorme buste de femme (?) qui rappelle absolument les horribles poupées de carton dont faisaient autrefois usage nos marchandes de modes. Peut-être faut-il reconnaître dans ce colosse la prétendue statue de Lémovix (n° 161).

« En 1776, on trouva, en creusant pour les fondemens de quelques maisons dans la place des Jacobins, des traces de vieux murs, d'une très excellente bâtisse, quoiqu'en petites pierres équarrées, toutes bien assises de niveau, qu'on disoit être le palais de Léocadius, mais qui n'indiquoient que les fondemens de quelques tours

---

(1) Au dix-septième siècle, on a donné, dans plusieurs villes, le nom de « chantiers » aux cimetières protestants.

antiques romaines, toutefois dont on apperçevoit les plus basses voûtes, mais qui ne peuvent avoir été que partie d'enceinte du palais de L. Capreolus ».

Dans les copies des planches d'Allou que possède la Société archéologique de Limoges, ce dessin porte le n° 2 des monuments romains (planche I).

Le lot de notes et de dessins provenant des papiers de Beaumesnil et appartenant aujourd'hui à M. Léonce Pichonnier, n'est pas moins intéressant à étudier que le précédent ; par malheur nous n'y avons pas découvert un seul croquis du comédien lui-même se rapportant à la ville de Limoges. Ce lot, qui donne quelques indications personnelles sur notre archéologue, et où se trouve notamment mentionné le voyage en Egypte dont nous avons déjà parlé, ne nous a fourni qu'un seul article pour notre catalogue, un cahier de dessins, très barbares d'exécution, dont nous indiquerons le contenu sous le § XLIII.

Des trois détenteurs limousins des manuscrits de Beaumesnil, c'est incontestablement M. Nivet-Fontaubert qui possède les plus précieux pour l'archéologie de notre province. Nous avons feuilleté dans sa collection un cahier portant le titre : *Environs de Limoges* (305 mill. sur 201) et où on trouve les croquis des nombreux monuments, restes d'édifices, fragments de sculptures, vestiges divers qui se voyaient au dernier siècle à Condat, Ambazac, Saint-Léonord, Glanges, Pierrebuffière, Saint-Hilaire-Bonneval, Boisseuil, Solignac, Bellac et ses alentours, Tulle, Naves, Tintignac, Ussel, Felletin, Aubusson, Les Ternes, Chénérailles, Ahun, etc. Tripon a largement puisé dans ce recueil. Malheureusement, on n'y trouve rien qui ait trait à la ville même de Limoges.

(N°* 112-119). — Lors des travaux de déblai effectués en 1757, 1758 et 1759 en vue de la construction du palais épiscopal, un certain nombre de monuments anciens : autels, tombeaux, fragments de statues, pierres sculptées et menus objets furent exhumés. On ne saurait contester la réalité de ces découvertes, attestée par des contemporains dignes de foi, l'abbé Legros et M. de Lépine entr'autres ; mais eurent-elles l'importance que leur attribuent les dessins de Beaumesnil, exécutés par celui-ci lors d'un passage ou d'un séjour à Limoges au cours de 1759 qui ne figure pas à son itinéraire ? Il est permis d'en douter. Mgr d'Argentré avait ordonné, dit-on, qu'on rejetât ces objets dans les fondations à cause des emblèmes priapiques, des scènes obscènes qui y étaient figurés. Ce qui est certain, c'est qu'aucun de ces monuments n'a été conservé.

— 70 —

L'*Album* de Tripon donne, d'après les dessins de Beaumesnil (1), huit planches exclusivement composées d'objets trouvés à l'Evêché. Nous ignorons si la collection est complète, et, d'après Tripon lui-même, il semble que le comédien n'avait pas conservé tous ses dessins.

Quoiqu'il en soit, des croquis que l'auteur de l'*Historique monumental* a eus sous les yeux, il ne nous reste que ceux qui constituent les planches n°ˢ I et II, plus partie de la planche III de la série spéciale de Tripon. Ils se trouvent réunis sur une feuille de papier mesurant 340 mill. sur 198, et aujourd'hui en la possession de M. Nivet-Fontaubert. Les objets figurés sur cette feuille sont les suivants :

(N° 112). — Ampoule en terre, symbole phallique, représentée sous trois faces (fig. 2, planche I de Tripon).

(N° 113). — Lampe en bronze avec attributs sexuels, conservée par M. de Lépine (Tripon, fig. 2 *bis*, pl. I.)

(N° 114). — Lampe en bronze présentant une femme prosternée, appartenant à Turgot (*Ib.* fig. 3, pl. I).

(N° 115). — Tombeau représentant une cérémonie du culte de Priape (*Ib.*, fig. 1, pl. I).

(N° 116). — Autre pierre funéraire, avec emblèmes sexuels (*Ib.* fig. 1 *bis*, pl. I).

(N° 117). — Tombeau avec phallus et décors obscènes (Fig. 6, pl. III).

(N° 118). — Grand tombeau, fleurs et feuillages, avec inscription grecque (*Ib.*, fig. 4, pl. II).

(N° 119). — Autre grand tombeau en granit avec décoration obscène (*Ib.*, fig. 5, pl. II).

On trouvera plus loin, au relevé des dessins de Beaumesnil dont nous ne connaissons pas le sort, la note des autres figures puisées par Tripon à la même source et reproduites aux planches III à VIII de la série des objets trouvés dans les fouilles de l'Evêché.

Nous avons déjà vu que les deux dessins de l'amphithéâtre (restitution) que nous cataloguons ci-dessus sous les n°ˢ 69 et 70 et que nous considérons comme étant de la main de l'abbé Cluzeau, se trouvent parmi les papiers de Beaumesnil actuellement en la possession de M. Nivet-Fontaubert.

(N° 120). — « Plan de la ville, de la cité de Limoges et des environs, tels qu'ils étoient en 1768, dressé par le s^r de Beauményn »,

(1) Ces dessins se trouvaient aux second et troisième cahiers de Beaumesnil (2° cahier : p. 47, 48, 51, 52 ; 3° cahier : p. 14, 15, 18, 19 et 55.

tel est le titre de la copie d'un plan dont l'original ne paraît pas avoir été conservé ; cette copie appartient à MM. les Sulpiciens du Séminaire de Limoges et provient de l'abbé Legros. Peut-être même est-elle l'ouvrage du laborieux érudit. Toutefois, il nous paraît plus vraisemblable que le dessin est de l'architecte Cajon, qui a reproduit plusieurs documents anciens ayant trait à la ville de Limoges. Nous avons vu (§ VIII) que le Séminaire possède une copie du plan de Fayen due au même architecte et portant la date de 1796. Le plan de 1768 mesure 370 mill. sur 450. M. Ducourtieux en possède une copie moderne signée : Maury.

(N° 121). — On voit, au Séminaire, exposé sous un verre, dans le grand corridor du premier étage, un panorama de Limoges au milieu du dernier siècle, qui paraît avoir inspiré toutes les vues rétrospectives dessinées et publiées depuis.

Ce document, qui a été du reste à peu près exactement reproduit par Tripon, porte le titre : *Vue de Limoges, prise du côteau de Saint-Lazare*. On ne pouvait choisir un meilleur point de vue. Sur ce panorama, qui ne mesure pas moins de 851 mill. de largeur sur 322 seulement de haut, se lit la note suivante : « Ce plan d'elevation de Limoges, levé par feu M* de Beaumesny, correspondant de l'Académie des Inscriptions et Belles-Lettres de Paris, vers 1760, a été copié en 1787 (1) sans aucuns changemens. » La copie que possède le Séminaire ne paraît pas avoir été exécutée par l'abbé Legros, bien que les annotations, légendes et renvois qui l'accompagnent soient de sa main. — Cette vue, dont l'original n'est peut-être pas perdu (nous avons entendu dire que plusieurs dessins semblables existent à Limoges), présente un détail de nature à faire reculer de quelques années la date indiquée par Legros comme étant celle de son exécution : on y reconnaît en effet, en avant du clocher de la cathédrale, le nouveau palais Episcopal que nous devons à Mgr du Coëtlosquet et à Mgr du Plessis d'Argentré, son successeur. Or, en 1760, non seulement la construction de cet édifice n'était pas commencée, mais le plan lui-même n'avait pas été encore entièrement arrêté. La première pierre du nouvel évêché ne fut posée que le 13 mars 1766 et on n'acheva le corps de bâtiment qu'en 1787. Il est probable que le dessin de Beaumesnil a été exécuté entre 1770 et 1780.

Les dessins de Beaumesnil dont suit le relevé paraissent aujourd'hui perdus : tout au moins ignorons-nous entre quelles mains ils ont passé. Néanmoins, comme ils ont été signalés, et plusieurs reproduits, nous les faisons figurer à notre inventaire :

(1) L'année même de la mort de l'artiste.

(N° 122). — Souterrain dit : « temple sphérique », d'après un dessin des Feuillants (1). On voit à l'*Album* de Tripon, la reproduction plus ou moins fidèle du croquis de Beaumesnil, qui se trouvait à la page 5 de son deuxième cahier et à la page 9 du troisième. (Tripon, p. 20 ; Allou, p. 42).

La planche n° I des copies de dessins de M. Allou conservées dans la bibliothèque de la Société archéologique de Limoges, reproduit le croquis de Beaumesnil : « Monuments présumés gaulois », n° 2.

(N° 123). — Galerie souterraine partant de l'amphithéâtre et allant aboutir à la Vienne, aussi d'après un dessin des Feuillants (2). 2° cahier, page 5, et 3° cahier, page 9. (Allou, page 42. Copies des dessins d'Allou, à la Société archéologique, pl. I, n° 1).

(N° 124). — Château de Sainte-Valérie, dessin daté de 1777 (2° cahier, p. 17 ; Allou, p. 65 ; copies d'Allou, pl. II, n° 6).

— L'amphithéâtre, d'après le dessin de 1591. Voir ci-dessus n° 30. (2° cahier, p. 19-20 ; Allou, p. 61 ; copies d'Allou, pl. II, n° 8).

(N° 125). — Cippe funéraire, auprès du chevet de la cathédrale. (2° cahier, p. 33 ; Allou, p. 84 ; reproduction par Duroux, *Sénatorerie*, pl. III, n° 10, et Espérandieu, *Inscr. de la Cité des Lémovices*, p. 103 ; dessins d'Allou, pl. XV, n° 16).

(N° 126). — Deux cippes conservés au presbytère de Saint-Maurice. (2° cahier, p. 31 ; Allou, p. 84 ; repr. par Duroux, pl. III, n°˚ 12 et 13, et Espérandieu, p. 178 ; dessins d'Allou, XV, 5 et 6).

(N° 127). — Cippe d'Origanion (2° cahier, p. 34 ; Allou, p. 84 ; repr. par Duroux, pl. III, n° 11, et Espérandieu, p. 195 ; dessins d'Allou, XV, 9).

(N° 128). — Monument offrant de l'analogie avec la figure fantastique dite « Idole de Ghrovinna », trouvé en 1747 près la Porte Tourny. (2° cahier, p. 42, 47 ; Allou, p. 45). Ne serait-ce pas le dessin n° 11 de la planche XVI d'Allou ?

(N° 129). — Autel triangulaire, trouvé à l'Evêché, granit rouge. (Allou, p. 79 ; copies d'Allou, pl. XIV, n° 2).

(N° 130). — Siège de marbre blanc, trouvé à l'Evêché. (Allou, p. 79 ; dessins d'Allou, pl. XIII, n° 29 ; copies d'Allou, pl. V, n° 49).

(N° 131). — Pierre avec la figure à mi-corps d'un jeune homme dont la barbe se divise en deux pointes ; lettres D. M. (2° cahier,

---

(1 et 2) Cette indication nous paraît si sujette à caution que nous n'avons pas fait figurer les originaux de ces dessins dans notre catalogue, avec d'autant plus de raison qu'ils remontaient, au témoignage de Beaumesnil, au « treizième ou quatorzième siècle ». (*Historique monumental*, p. 20 ; *Description des monumens*, p. 42).

p. 47 et 3° cahier). Beaumesnil l'indique comme ayant été découverte à l'Evêché, ailleurs comme existant place des Bancs. (Allou, p. 80; dessins d'Allou, pl. XV, n° 18 ou pl. XIV, n° 3).

(N° 132). — Figure de lion mutilée. (Allou, p. 80, peut-être pl. XVIII des dessins d'Allou).

(N° 133). — Deux tombeaux rectangulaires, avec draperies sculptées (Allou, p. 80).

(N° 134). — Autel avec un bouclier en plomb. (Allou, p. 80 ; dessins d'Allou, pl. XV, n° 19).

(N° 135). — Pierre sépulcrale représentant une tête de jeune homme avec la barbe fourchue. (Ib., n° 3 de la planche XIV ou n° 18 de la pl. XV des dessins d'Allou).

(N° 136). — Pierre représentant deux têtes, l'une au-dessus de l'autre. (Allou, p. 80, et dessins d'Allou, pl. XV, n° 20).

(N° 137). — Autel avec deux têtes à barbe fourchue, dont l'une est entourée d'une draperie. (2° cahier, p. 48 ; Allou, p. 81, et dessins, XV, n° 21).

(N° 138). — Pierre avec flambeau renversé et inscription. (2° cahier, p. 47 ; Allou, p. 81, peut-être n° 22 de la pl. XV). Se trouvait, en 1747, près de la Providence.

(N° 139). — Autel en pierre blanche, montrant deux têtes accolées, réunies sur un même corps, et divers ustensiles. (Allou, p. 81 ; dessins du même, XV, 24).

(N° 140). — Pierre sépulcrale sur laquelle est sculptée un casque, trouvée en 1747 près Saint-Michel. (Allou, p. 82 ; dessins d'Allou, pl. XV, n° 14).

(N° 141). — Cuve ou urne funéraire en granit, qui se trouvait, en 1747, dans la cour de la fontaine de Saint-Martial. (Peut-être le n° 26 de la pl. XV d'Allou).

(N° 142). — Fragment de pierre sépulcrale antique avec une ogive en saillie. (2° cahier, p. 46 ; Allou, p. 91 ; peut-être n° 17 de la pl. XV d'Allou).

(N° 143). — Chapiteau antique d'une colonne de la cathédrale. (2° cahier, p. 42 ; ment. par Allou, p. 78).

(N° 144). — Figure représentant une femme voilée tenant sous son bras un objet recouvert d'un voile, trouvée dans un jardin du Naveix. (2° cahier, p. 41 ; Allou, p. 78).

(N° 145). — Deux bas-reliefs trouvés près la porte des Arènes. (2° cahier, p. 41 ; Allou, p. 77).

(N° 146). — Deux bas-reliefs mutilés, représentant des lions couchés, trouvés en 1747, l'un rue Manigne, l'autre près la porte des

Arènes. (2º cahier, p. 47 ; 3º cahier, p. 16 ; Allou, p. 76. Ce sont peut-être ceux qu'on trouve à la pl. XVIII d'Allou).

(N° 147). — Fût de colonne toscane trouvé en 1778 près la porte Boucherie. (2º cahier ; Allou, p. 77 ; copies des dessins d'Allou, pl. III).

(N° 148). — Autres fûts. (2º cahier, p. 34 et 35 ; Allou, p. 77 ; copies des dessins d'Allou, pl. III).

(N° 149). — Base et fût de colonne, près Saint-Maurice. (2º cahier, p. 41 ; Allou, p. 77 ; copies d'Allou, pl. III).

(N° 150). — Colonne milliaire (?), près le Séminaire (1). (3º cahier, p. 35 ; Allou, p. 77 ; copies d'Allou, pl. III).

(N° 151). — Fragment de colonne à Sainte-Félicité. (2º cahier, p. 35 ; ment. par Legros, *Essais historiques*, p. 416 ; Allou, p. 71 ; copies d'Allou, pl. III).

(N° 152). — Vue du clocher de Saint-Martial en 1711. (Allou, p. 161).

(N° 153). — Statues du clocher de Saint-Martial. (1ᵉʳ cahier, p. 6 ; Allou, p. 235, et pl. XVI, n° 1).

(N° 154). — La Chiche de Saint-Martial. (2º cahier, p. 45, 48, 49, et 3º cahier, p. 16 ; Allou, p. 227. C'est d'après ce dessin que de Crossas a gravé la planche de l'*Album* de Tripon. Copies d'Allou, pl. XVIII, fig. 1, 2, 3, et XIX).

(N° 155). — Tombeau dit de Tève-le-Duc. (1ᵉʳ cahier. p. 4 ; Allou, p. 252).

(N° 156). — Tombe de serpentine à Saint-Martial. (Allou, p. 253).

(N° 157). — Pierre sculptée représentant des bâtons noueux, enlacés d'une espèce de ruban », provenant des cloîtres de Saint-Martial. (Allou, p. 234 ; copies d'Allou, pl. XVI, n° 14).

(N° 158). — Pierre analogue, provenant d'un souterrain des Combes (*Ib.*).

(N° 159). — Les lions de Saint-Michel, de Saint-Martial et du Portail-Imbert. (2º cahier, p. 37, 38, 49 ; Allou, p. 223 et pl. XIX).

(N° 160). — Bas-reliefs au-dessous du clocher des Carmes. (2º cahier, p. 46 ; Allou, p. 238 ; peut-être n° 16 de la pl. XVI d'Allou).

(N° 161). — Statue colossale, dite de Lemovix, près Sainte-Félicité. (2º cahier, p. 5 ; 3º cahier, p. 9 ; Allou, p. 235).

(N° 162). — Ecusson avec la figure de Saint-Martial, à la porte des Arènes. (Allou, p. 234 ; dessins d'Allou, pl. XVII, 8).

(1) Cette pierre a disparu il y a cinq ou six ans, lors d'une réparation faite au pavé.

(N° 163). — Pierres avec arceaux en ogives et emblèmes ressemblant à des fleurs de lys. (Allou, p. 253).

(N° 164). — Vitrail satirique représentant une femme prêchant. (1ᵉʳ cahier, p. 2 ; Allou, p. 240 ; repr. par Tripon, par M. J. Tixier, *Art rétrospectif*, pl. 82, etc. Le vitrail existe du reste et appartient à M. R. Ardant).

(N° 165). — Médaille gauloise trouvée « près Limoges » : enfant à tête énorme, tenant un collier et une massue. Au revers, un chien et un loup, terrassant un reptile à trois têtes. (2ᵉ cahier, p. 3 ; Allou, p. 48 ; copies d'Allou : *Monuments gaulois*, pl. I, n° 3).

(N° 166). — Autre, trouvée à Limoges : tête sans barbe et à cheveux courts. Au revers quatre « aires » (*Ib.*, copies d'Allou, pl. I, n° 4).

(N° 167). — (?) Autre, avec « un guerrier coiffé d'un casque » sur la face. (*Ib.*, copies d'Allou, pl. I, n° 5).

(N° 168). — Monnaie d'argent trouvée à l'Evêché : Figure voilée. Légende : IMP... PP. AVG., au revers, vase avec la lettre L. et la formule s c à l'exergue. (2ᵉ cahier, p. 52 ; 3ᵉ cahier, p. 20 ; Allou, p. 95).

(N° 169). — Médaillon de bronze, d'Adrien. Au revers, une femme, les mains chargées de fruits, avec les lettres L.A.P. L. et la légende : LIBERALITAS AVGVST. D. N. DEC. D. S. P. Q. L., trouvée place d'Orsay. (2ᵉ cahier, p. 21 ; Allou, p. 90). C'est ce médaillon que Tripon a reproduit sous le n° 7 de ses planches de numismatique (1). On le trouve à la pl. XXI des dessins d'Allou.

(N° 170). — Médaille de bronze d'Adrien, sans effigie, trouvée près de l'Evêché et présentant le mot : LEM. gravé à la partie inférieure. (Allou, p. 91 et pl. XXI de ses dessins).

(N° 171). — Grand bronze du même empereur, figure à demi voilée avec le *lituus* d'un côté, une lampe et un vase de l'autre. S.P.Q.L. à l'exergue. (3ᵉ cahier, p. 20 ; Allou, p. 100 et pl. XXI).

Les autres pièces qui nous sont signalées comme ayant été dessinées par Beaumesnil, ne portent aucune indication dénotant leur origine limousine (2). Il est donc absolument sans intérêt pour notre travail de signaler ces reproductions. Beaumesnil a dessiné beaucoup d'autres objets à Limoges. Allou signale entr'autres (p. 252) divers tombeaux figurant au second cahier (pages 36, 39, 43, 44, etc.) du comédien-archéologue, et qu'il nous a été impossible d'identifier

---

(1) Il ne diffère que par quelques lettres des inscriptions du médaillon porté sous le n° 110.

(2) Il va sans dire que nous ne nous portons pas caution de la fidélité des légendes inscrites aux pièces qui précèdent.

d'une façon assez distincte pour les faire figurer dans ce catalogue. Nous terminerons le relevé des dessins de Beaumesnil concernant Limoges, en donnant l'énumération des objets découverts à l'Evêché, figurant aux planches III à VIII de la série secrète de Tripon, et dont nous n'avons pu retrouver les dessins originaux :

(N° 172). — Tombeau antique en granit avec inscriptions grecques, sujets obscènes. (Pl. III, fig. 7, série spéciale de l'*Album* de Tripon).

(N° 173). — Autre tombeau en granit avec emblèmes obscènes et personnages dans des postures indécentes. (Pl. 3, fig. 8).

(N° 174). — Tombeau avec emblèmes phalliques. (Pl. IV, fig. 1).

(N° 175). — Cippe funéraire avec satyre. (Pl. IV, fig. 2).

(N° 176). — Tombeau avec phallus gigantesque et femme prosternée. (Pl. IV, fig. 3).

(N° 177). — Grand tombeau avec diverses figures obscènes. (Pl. IV, fig. 4).

(N° 178). — Pierre représentant deux bustes de femmes accolés. (Pl. V, sans n°).

(N° 179). — Personnage paraissant présenter les attributs d'hermaphrodite. (Pl. V).

(N° 180). — Triple buste de femme avec phallus. (Pl. V).

(N° 181). — Femme avec des ailes, la tête enveloppée, sous une sorte de dais. (Pl. V).

(N° 182). — Pierre avec trois phallus. (Pl. V).

(N° 183). — Deux stèles paraissant appartenir au même monument, et au-devant desquels sont sculptés des personnages à attributs sexuels très apparents et dont le bas du corps se continue par une sorte d'enroulement terminé par des sabots de cheval ou de bœuf. (Pl. VI).

(N° 184). — Fragment d'une amphore avec anse formée d'un phallus. (*Ib.*).

(N° 185). — Cippe funéraire ou autel d'un décor fort singulier, avec une sorte de tablette en saillie, une large couronne et deux personnages prosternés dans une posture obscène. (Pl. VII).

(N° 186). — Sarcophage décoré de Termes à attitudes obscènes et de guirlandes. (Pl. VIII).

(N° 187). — Sarcophage dont la face principale présente trois vases, avec des emblèmes sexuels. (*Ib.*)

(N° 188). — Autre sarcophage avec un vase analogue au précédent, entre deux panneaux où sont sculptés des bustes de femmes voilées. (*Ib.*)

XXIV (189). — Nous ne saurions nommer l'auteur d'un dessin colorié (311 mill. sur 236), représentant une coupe des deux étages supérieurs du clocher de l'église de Saint-Martial, dans l'état (état de ruine des plus menaçants pour la sécurité publique) où ils se trouvaient avant les travaux exécutés en 1762 et qui consistèrent dans la démolition de l'ancienne pyramide à huit pans et du bandeau formant le couronnement de la tour, leur remplacement par une simple galerie à jour, en style du temps, ornée d'urnes de pierre, et la reprise de quelques maçonneries. Les indications qui accompagnent ce document sont de la main de l'abbé Legros ; mais le dessin n'est sûrement pas de lui. Ajoutons que nous devons au même *Legros* la *conservation* d'un autre dessin daté de 1792 et représentant le clocher, tel qu'on le voyait à cette époque. L'une et l'autre de ces figures sont aujourd'hui à la bibliothèque de la Société archéologique et historique du Limousin. Allou a laissé une reproduction du dessin n° 189. (Pl. VI, n° 5).

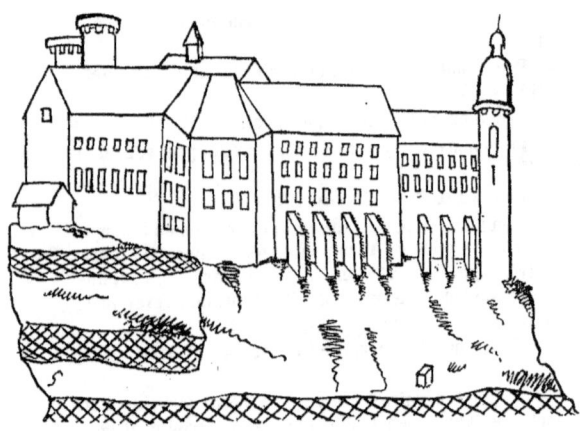

L'abbaye de la Règle en 1760 (n° 190)

XXV (n° 190). — MM. les prêtres de Saint-Sulpice chargés de la direction du séminaire diocésain établi, après la Révolution, sur l'emplacement de la célèbre abbaye de la Règle, dont quelques-unes des anciennes constructions ont subsisté, conservent un plan du monastère (265 mill. sur 410) remontant au milieu du dernier siècle, et représentant l'église, le cloître et les dépendances de la maison : l'église teintée en rouge, le reste en rose. Ce plan, sur lequel se lisent ces mots : « Batimens de l'abbaye de la Règle » d'une écriture moderne — qui serait, nous a-t-on dit, celle de M. de Vaillac, ancien supérieur de la maison — est accompagné d'une vue, coloriée, du monastère, avec cette légende, aussi d'une écriture moderne : « La Règle en 1760 ». Cette enluminure représente la façade Est ayant vue sur la rivière : elle comprend quatre corps de logis inégaux et dont la construction devait remonter à des époques différentes ; le premier, à partir du sud-est, a deux rangs de fenêtres, six fenêtres à chaque rang ; le second, deux rangs aussi, de trois fenêtres chacun ; le troisième a trois étages à sept fenêtres chacun ; le quatrième, deux étages, à sept fenêtres aussi. Les deux derniers de ces bâtiments sont appuyés par des contreforts. L'extrémité nord-est, du côté du Pont Saint-Etienne, est flanquée d'une tour ronde avec toiture en coupole allongée ; on aperçoit du côté opposé, derrière les bâtiments dont la figure reproduit l'aspect général, deux autres tours rondes accolées, dépassant les toitures. Cette vue ne fournit malheureusement aucun détail caractéristique, et si elle paraît fidèle au point de vue de la disposition des constructions (elle se rapporte assez exactement aux indications du plan qu'elle complète), elle est à peu près sans intérêt pour l'archéologue.

Au-dessus de ce dessin on voit un écusson sommé d'une crosse : de gueules à la croix de Malte d'or. Sont ce les armes de Céleste de Boisjollan, qui était alors abbesse de la Règle ?

XXVI (N° 191). — Si l'année 1768 fut peu satisfaisante sous le rapport du rendement des récoltes, elle paraît avoir été exceptionnellement favorable à l'éclosion de travaux topographiques. Nous avons déjà signalé, sous le n° 120, un plan de la capitale du Limousin, dressé par Beaumesnil et portant cette date. Le *Plan de la ville de Limoges, levé sous les ordres de Monsieur Turgot, par le Sr Alluaud, ingénieur-géographe du Roi*, est aussi de 1768. Il mesure 530 mill. sur 450. Plusieurs projets intéressants de voirie s'y trouvent indiqués, notamment ceux concernant la place d'Aine, les places Boucherie et Saint-Gérald, l'ouverture des rues Turgot et du Balcon, etc. On y voit figurer les portions non démolies encore des anciennes fortifications. Ce plan a fait l'objet d'une étude spéciale lue par M. Ducourtieux à une séance de la Société archéologique du Limousin.

M. Alluaud avait remis à Turgot un exemplaire de ce plan, sur lequel étaient écrits « les noms anciens et modernes des rues ». Il en mentionne d'autres exemplaires, sans doute perdus aujourd'hui [1].

---

[1] Paul Ducourtieux : *Limoges d'après ses anciens plans*. Limoges, V° Ducourtieux, 1884. Nous avons emprunté à cet ouvrage la plus grande partie de ce que nous disons ici des plans du dix-huitième siècle.

XXVII (n° 192). — *Plan des directions et alignements des rues et places de la ville, faubourgs et Cité de Limoges, par le sieur Trésaguet, ingénieur en chef de la Généralité, 1768*, aux Archives du département de la Haute-Vienne (C. 65 à C. 72). L'hôtel de ville en conserve une copie en 53 feuilles. Ce plan est dit « plan de 1775 », parce qu'il accompagne l'arrêt du Conseil du 22 décembre 1775 fixant les alignements de la ville. (*Registres consulaires*, tome VI, p. 65). La carte d'assemblage de la mairie porte du reste cette date de 1775. — Ce plan n'est en somme que la reproduction à une plus grande échelle du n° 191 ci-dessus. Il comprend dix-neuf feuilles, dont trois manquent à l'original, et une, le n° 15, manque à l'original et à la copie. Les brouillons dressés par Alluaud sont conservés aux Archives départementales, C 442 à C 449. Là encore manque la feuille 15.

XXVIII (n° 193). — M. Ducourtieux mentionne un autre plan de 1768, sans date ni nom d'auteur, qui se trouvait en 1884 entre les mains de M. Devalois, ancien directeur de l'école de la Monnaie, à Limoges. Nous ignorons ce qu'est devenu ce document depuis la mort de son possesseur.

XXIX (n° 194). — Dans un dossier des Archives départementales de la Haute-Vienne (C 59), relatif à un projet de captation d'une partie des eaux de la fontaine de La Bregère, en vue de l'approvisionnement des casernes du Chapeau Rouge, — vers 1769 — on trouve un plan des fonds d'où provenaient ces eaux. Au haut de ce plan, qui mesure 430 mill. de long sur 412, se voit un croquis sommaire, mais assez précis, de l'église paroissiale du lieu, dédiée comme on sait à sainte Marie-Madeleine, aujourd'hui détruite. L'édifice est de modeste apparence ; la façade, flanquée de deux contreforts, couronnée d'un simple pinacle à deux baies, a une porte cintrée de petites dimensions, au-dessus de laquelle s'ouvre un simple œil de bœuf. Le vaisseau n'a pas de transept. Deux arcatures à plein cintre se dessinent sur le côté gauche de l'édifice, reliées par une console ou par une simple moulure ; mais aucune fenêtre ne s'ouvrait de ce côté, et s'il en était de même de la muraille de droite, l'église de la Bregère n'aurait été éclairée que par le chevet. Nous constatons de nouveau ici l'analogie qui existe entre ce dessin et la gravure de 1625, signée Ardant (n° 42 ci-dessus), qui pourrait bien représenter Ste-Madeleine de la Bregère et non St-Martial de Montjauvy.

XXX (n° 195). — Mentionnons ici la très intéressante gravure reproduisant un feuillet d'un diptyque consulaire d'ivoire, portant le nom de Procopius Anthémius : ce rare et précieux objet, qui a fait l'objet d'une notice de M. Héron de Villefosse dans le *Bulletin du Comité des travaux historiques et scientifiques* (section d'archéologie, année 1884, p. 305) était conservé, avant 1708, dans la maison d'un sieur Avril, bourgeois de Limoges : ce renseignement nous est donné par une note portant cette date et écrite sur la gravure même, dont on ne connaît pas le dessin original. Le seul exemplaire connu de l'ancienne gravure appartient à M. Nivet-Fontaubert ; il accompagne une curieuse plaquette de quatre pages, imprimée semble-t-il, dans le troisième tiers du dernier siècle et attribuée à l'abbé Legros. M. Espérandieu a reproduit ce dessin dans ses *Inscriptions de la Cité des Lémovices*, p. 124. Copies des dessins d'Allou, pl. II, n° 10.

XXXI (n° 196). — On trouve, dans la collection de M. Nivet-Fontaubert, un dessin et une gravure de la même époque qui représentent une feuille provenant d'un autre diptyque et qui, d'après une note manuscrite qui l'accompagne, était conservée, en 1773, dans le cabinet de M. de Lépine. (*Bulletin du Comité des travaux historiques*, 1884, p. 309, et Espérandieu, p. 128).

XXXII (n° 197 à 207). — Nous n'avons pas ici à rappeler les titres que l'abbé Legros, vicaire à la Collégiale de Saint-Martial avant la Révolution, possède à la reconnaissance de tous les vrais Limousins. Nous nous bornerons à mentionner celles des œuvres du laborieux érudit qui rentrent dans le cadre de notre recueil.

(N° 197). — La bibliothèque communale de Limoges a acquis depuis peu d'années, de M. Nivet-Fontaubert, un curieux plan de notre ville, dû à l'abbé Legros, dressé avec beaucoup de soin et offrant des détails intéressants. Il est en papier, collé sur toile et mesure 1^m,07 de hauteur sur 1^m,16 de largeur. Par malheur, les couleurs ont poussé au noir, l'encre a pâli, et les légendes sont devenues assez malaisément lisibles. Ce document, qui mérite d'être consulté par toute personne désireuse de bien connaître la topographie de la capitale de notre province au dernier siècle, porte ce titre : « Plan de la ville de Limoges, de la Cité et d'une partie de leurs environs, avec les noms des rues, routes, chemins, églises, etc. A Limoges, par Martial Legros, prêtre, 1774. » M. Ducourtieux l'a décrit dans ses *Anciens plans*.

(N° 198). — Le « plan par terre de l'église royale et collégiale de Saint-Martial de la ville de Limoges, avec partie de ses environs », dressé par l'abbé Legros ou tout au moins annoté par lui de la façon la plus détaillée et la plus intéressante, est le document le plus précis que nous possédions sur notre célèbre basilique. Ce plan, qui mesure 755 mill. sur 532 et porte la date de 1784, donne l'ensemble complet des trois églises : la collégiale, la basse église avec le Sépulcre et la chapelle de Saint-Benoît. Seul il peut permettre d'étudier la distribution de l'édifice et de se reconnaître au milieu des indications si confuses et si touffues des titres conservés dans les Archives du monastère. Ce document, dont une réduction a été donnée, mais avec des indications trop sommaires, par M. Jules Tixier, à la planche V de l'*Art rétrospectif à l'Exposition de Limoges*, appartient à la Société archéologique du Limousin. Sa reproduction complète sera l'accessoire indispensable de tout ouvrage consacré à la vénérable basilique et au célèbre monastère. Tripon s'est servi de ce document pour dresser son « Plan géométrique de l'abbaye de Saint-Martial et de la salle de spectacle ».

(N°⁸ 199 à 206). — Les *Essais historiques* de l'abbé Legros *sur la ville de Limoges*, manuscrit de la bibliothèque de MM. les Sulpiciens du Séminaire (n° 16 du catalogue, hauteur : 227 mill. ; largeur : 188) renferment un certain nombre de dessins et de facsimile d'inscriptions paraissant tous antérieurs à la Révolution. Nous donnons ici le relevé de ces figures, qui malheureusement se trouvent, pour la plupart, tracées sur des feuillets de papier à peine collés au volume, ou même complètement détachés (1) :

P. 57. Vue et coupe de l'amphithéâtre de Limoges, d'après un dessin communiqué à l'abbé Nadaud par Cluzeau, 80 mill. sur 125. (Voir n° 69 ci-dessus).

P. 176. Inscription du bastion ou fort Saint-Mathieu, *al.* Saint-Martial, 40 mill. sur 55.

(N° 199). — Après p. 184, Inscription et écusson de la porte Manigne, 130 mill. sur 134.

Après p. 206, Epitaphe de P. Brus, de la porte Poissonnière, 140 mill. sur 88.

Ibid., Inscription *D. M. Juli. Insidiol.* etc. 70 mill. sur 40.

Ibid., Inscription de la statue de la Vierge de la chapelle de Sainte-Agathe, à Saint-Martial, 147 mill. sur 14.

Après p. 208, Epitaphe du bibliothécaire Robert, à Saint-Martial, 60 mill. sur 68.

Ibid., Epitaphe de l'abbé Pierre du Barry, à Saint-Martial, 80 mill. sur 88.

Ibid., Inscription du sépulcre de Saint-Martial, 72 mill. sur 48.

Ibid., Inscription de La Chiche, à Saint-Martial, 13 mill. sur 55.

---

(1) Il est bien entendu que nous ne comprenons, dans notre catalogue, ni les simples inscriptions, ni les dessins d'armoiries, qui ne constituent pas nécessairement, par eux-mêmes, un monument.

— 82 —

(N° 200). — Après p. 210, dessin du couvercle d'une « boîte dévote » en argent, appartenant, en 1784, à Mme Lavaisse, et représentant saint Martial, 72 mill. sur 58.

Ibid., Epitaphe d'Aimeric *de Brucia*, à Saint-Martial, 74 mill. sur 80.

Ibid. Vers latins gravés sous la Chiche, 20 mill. sur 117.

(N° 201). — Après p. 220, dessin de deux sceaux trouvés lors des terrassements de la rue Fitz-James, 145 mill. sur 138.

Après p. 222, « l'arbre de Beauvais », dessin conforme à celui des *Annales manuscrites*, n° 55 ci-dessus, 200 mill. sur 168.

Page 242, dans le texte, l'Andeix du Vieux Marché, dessin conforme à celui du manuscrit des *Annales* de la bibliothèque communale de Limoges, mais exécuté, Legros le dit expressément, d'après celui de la « Chronique manuscrite de Dom Col », c'est-à-dire, comme nous l'avons expliqué plus haut, d'un autre manuscrit de nos Annales, 130 mill. sur 135 (voir n° 50).

(N° 202). — Après p. 242, croquis du triangle du Vieux Marché. 115 mill. sur 80.

Ibid., pierre du clocher de Saint-Martial, inscription *Jul. Insidiol*, 20 mill. sur 55.

Après p. 246, l'Andeix de Manigne, 220 mill. sur 115, conforme au dessin des *Annales* et paraissant copié sur celui du manuscrit de Dom Col (n° 51).

(N° 203). — *Ibid.*, croquis grossier du même, 120 mill. sur 80; avec la petite toiture modifiée. Ce dessin donne le projet de l'abbé Cluzeau, qui fut exécuté.

(N° 204). — *Ibid.*, croix et triangle du Chevalet, 80 mill. sur 65.

Après p. 258, les deux lions de Saint-Michel, dessin tiré de la chronique dite de Dom Col, et conforme à celui des *Annales*, 60 mill. sur 105 (n° 52).

Après p. 328, inscriptions de la girouette du clocher de Saint-Michel-des-Lions, 1748-1766, 190 mill. sur 150.

Après page 342, Inscription de l'horloge des Bénédictins, 21 mill. sur 120.

(N° 205). — Après p. 358, croix en filigrane, conservée à l'abbaye de Saint-Martin-lès-Limoges (les Feuillants) et attribuée à saint Eloi, 350 mill. sur 214.

Ce dessin, dont nous croyons avoir vu un autre exemplaire, peut-être dans les papiers de l'abbé Legros, a été reproduit dans l'*Essai sur les Argentiers et les Emailleurs de Limoges*, de l'abbé Texier; dans le *Dictionnaire d'Orfèvrerie*, du même (collection Migne); dans le grand ouvrage de M. Paul Lacroix : les *Arts au moyen âge ;* dans l'*Œuvre de Limoges*, de M. Ernest Rupin.

Après la p. 384 : « Restes des Aresnes de Limoges vues a l'exterieur, telles qu'elles etoient en 1593 ». Nous avons plus haut reproduit ce dessin (n° 39) qui est incontestablement la vue datée de 1591 et non celle de 1593, (105 mill. sur 170).

Après p. 390 : inscription de la porte orientale de saint Cessateur, 139 mill. sur 87.

Après p. 416, fragment d'une colonne à Sainte-Félicité; d'après Beaumesnil (n° 151 ci-dessus).

(N° 206). — Dessins détachés : (peut-être double emploi avec un des n°ˢ 168, 169, 170). Médaille d'Adrien, avec la formule s. P. Q. LFM. au revers.

(N° 207). — Méreau de l'église de Limoges, de 1582, 52 mill. sur 30.

Médaille à l'effigie d'Antoine de Lévy de Ventadour, archevêque de Bourges, 190 mill. sur 83.

Dans son *Recueil d'épitaphes, inscriptions et autres antiquités de la ville de Limoges,* manuscrit des Sulpiciens du Séminaire, n° 15 du catalogue (225 mill. sur 182), l'abbé Legros reproduit en fac-similé quelques inscriptions. Toutefois, il n'est pas toujours facile de distinguer les inscriptions simplement copiées en grands caractères romains, de celles dont l'auteur prétend reproduire la physionomie. Une partie de ces dernières figurent déjà ci-dessus. Nous nous bornons donc à signaler ici ce manuscrit.

XXXIII (n° 208). — Façade de la chapelle du couvent de la Visitation, projet un peu modifié à l'exécution, 539 mill. sur 748. (Archives de la Haute-Vienne, non encore inventorié).

XXXIV (n° 209). — Plan du Pont Saint-Etienne (aux Archives de la Haute-Vienne, s. d.), mentionné par M. Ducourtieux.

XXXV (n° 210). — Plan du pont Saint-Martial, s. d. (aux Archives de la Haute-Vienne, d°).

XXXVI (n° 211). — Plan général des terrains de l'Evêché, avec les nouvelles acquisitions faites en vertu des lettres patentes du mois de février 1771. Vers 1774. La cathédrale et le futur palais épiscopal y figurent. Il est signé : « Brousseau, architecte. Dim. 629 mill. sur 440 (Archives de la Haute-Vienne).

XXXVII (n° 212). — Plan du rez-de-chaussée de l'Evêché de Limoges, signé : « Brousseau, architecte ». Ce plan est le seul, de tous ceux des Archives du département, qui paraisse se rapporter à l'édifice exécuté sous les auspices de Mgr d'Argentré.

(N° 213). — Portail et pavillons d'entrée de l'Evêché de Limoges (Archives de la Haute-Vienne).

XXXVIII (n° 214). — La *Feuille hebdomadaire* de Limoges annonça en 1776 la publication d'un Terrier général de Limoges et de ses faubourgs, avec les plans de chaque île, « conformément au plan topographique de la ville, levé par le sieur Cajon, architecte». Cette annonce fut suivie d'une lettre de M. Alluaud insérée à la *Feuille*, et où il rappelait qu'il était le seul auteur du plan topographique de Limoges (n° 191 ci-dessus) et qu'il l'avait dressé en vertu des ordres de l'Intendant. Cajon répliqua : Dans sa réponse, insérée au n° du journal du 1er janvier 1777, il soutient avoir levé, en 1776, un plan fort exact de la ville « formé de parties diverses réunies en un seul et même corps pour faciliter les opérations du plan de l'auteur du terrier », et donnant « les numéros de toutes les maisons de Limoges ». Ce plan est probablement perdu.

XXXIX (n° 215). — « Plan de la ville, cité et faubourgs de la ville de Limoges, avec ses projets ». Réduction du plan d'Alluaud, exécutée, vers 1785, par J.-B. Morancy, ingénieur-géographe, avec projets de redressement des rues, lavés en rouge et en jaune (aux Archives de la Haute-Vienne, C. 64) ; dimensions : 1m,13 sur 0m,96.

XL (n° 216). — Plan de Limoges, sans titre, légende, ni signature, des dernières années de l'ancien régime, paraissant antérieur à la construction du « Gras » sur le petit étang d'Aigoulène, 1788-1789. Il provient du service des ponts et chaussées et paraît devoir être attribué à M. Morancy : 690 mill. sur 641. (Aux Archives du département, série C. 661).

XLI (n° 217). — Joli petit « plan de la ville de Limoges », avec les grandes routes qui y aboutissent : il reproduit à peu près le précédent en ce qui concerne la ville ; on relève cependant entre eux quelques différences. Peut être attribué aussi à M. Morancy : 261 mill. sur 189, marges non comprises. (Archives de la Haute-Vienne, C. 450).

XLII (n° 218). — Plan de la ville, faubourgs et cité de Limoges après la démolition de ses murs, portes et tours, effectuée en 1765 et 1766, — celle du Verdurier en 1785. Copie du plan de Trésaguet avec quelques modifications (à M. Balmet, de Limoges).

XLIII (n°s 219 à 229). — Dans la portion des papiers de Beaumesnil que possède aujourd'hui M. Léonce Pichonnier, se rencontrent un certain nombre de figures, dont quelques-unes fort intéressantes ; mais pas une n'a trait au Limousin et spécialement à la ville de Limoges. Toutefois, dans cette volumineuse liasse, nous avons trouvé un cahier de onze feuillets petit in-folio, dont les trois premières pages sont couvertes de dessins à la plume, d'une exécution fort grossière et trahissant une main inexpérimentée. Le manuscrit ne porte pas de signature et nous ne nous permettrons

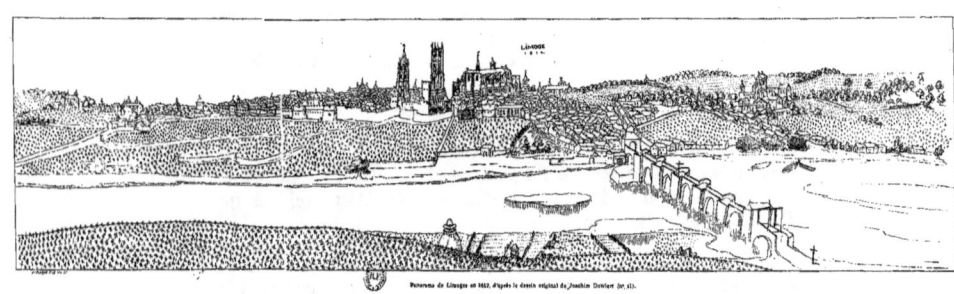

Panorama de Limoges en 1662, d'après le dessin original de Joachim Duviert (br. gl).

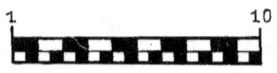

de hasarder aucune hypothèse sur son origine ou le nom de son auteur. Nous nous bornerons à donner la liste de ces barbares croquis, que l'artiste a fait sagement d'accompagner de légendes :

1re page : « Triangle de Magnigne » (n° 219) ; « triangle du Vieux Marché » (n° 220) ; « triangle et harbre de Beauvais, qui fut planté en 1507 » (n° 221) ; « triangle du Chevalet » (n° 222).

2° page : « Restes des vestiges du palais et maison de plesance, près Sainte-Félicité au pont Saint-Martial » : un enclos rectangulaire ; dans le coin à gauche, une chapelle avec porte cintrée, fenêtre et deux lucarnes sur la façade, laquelle est surmontée d'une croix ; trois petites fenêtres carrées sur le côté ; un petit clocher au-dessus du chevet. Sur la droite, à l'entrée de l'enclos, une grande croix avec des appuis en fer (n° 223). C'est évidemment le « palais de Léocadius », de Beaumesnil (n° 111 ci-dessus), qu'a également reproduit M. Allou, pl. I, n° 2 des mon. romains.

« Restes du theatre de Limoges, baty de pierre carrée » : un mur bas avec une sorte de pyramide (n° 224).

« Reste de l'anphiteatre, a present dit *le Creux des Arrennes* » : des murs bas figurant le tracé de l'amphithéâtre, avec deux grands pans de murs sur la gauche (n° 225).

[Croquis de la Chiche] « Ce portrait est en pierre, en relief, pres la grande porte de Saint-Martial, dans la muraille » (n° 226).

[Le lion de Saint-Martial] « Ce lion est au-devant du portail de l'église Saint-Martial et, sur la pierre ou il est, est engravé les lettres que vous voyez au feuillet 67 » (1) (n° 227).

3° page : Les lions de Saint-Michel. « Ces deux lions sont au-devant le clocher de Saint-Michel, et il y en a un autre au coing du portal Nimbert, a main droite en descendant, lequel est percé de la geulle a la teste » (*sic*) (n° 228).

Deux femmes, censées représenter l'ancienne Limousine et la moderne Limousine.

Enfin une médaille ou monnaie à l'effigie de Saint-Martial (n° 229).

Nous ne comprenons pas dans notre inventaire divers plans de voirie signalés par M. Ducourtieux et nous paraissant se rapporter à la période postérieure à 1790, non plus qu'un certain nombre de dessins conservés aux archives de la Haute-Vienne et ayant trait à des projets qui n'ont pas été exécutés ou ont subi d'importantes modifications.

---

(1) Nous avons dit que, dans son état actuel, le cahier ne conserve que 11 feuillets.

ADDITIONS

(N° 34). — Nous avons dit que nous ne possédions pas la vue des Arènes de 1593, mais qu'elle devait se rapprocher du croquis inséré au troisième volume de l'*Histoire de Saint Martial*, du P. Bonaventure de Saint-Amable (n° 58) : On trouve, à la planche II, n° 9 des copies des dessins d'Allou, que possède la Société archéologique de Limoges, précisément auprès de la reproduction de la figure donnée par le P. Bonaventure, une autre vue peu différente, et qui doit être la reproduction du dessin de 1593 conservé aux Feuillants.

(N°ˢ 71 à 188). — Au moment où notre étude est sous presse, notre excellent confrère M. le chanoine Lecler veut bien nous communiquer les extraits suivants de la correspondance de M. Martial de Lépine, subdélégué de l'Intendance et le principal protecteur de Beaumesnil. Ces extraits confirment ce que nous avons dit plus haut des relations que le comédien s'était créées à Limoges et de l'état de détresse où il se trouvait quand il s'y arrêta; ils font connaître, de plus, certains détails qui ne sont pas dénués d'intérêt :

« Beaumenil, ce segond Galtzius (?), dont on m'avoit annoncé la mort, est actuellement ici et continue toujours ses recherches d'antiquités gauloises ». 2 juin 1775.

« La troupe comique nous quitte. Je ne regrette que le pauvre Beaumenil, qui s'en va à Pau, qu'il n'a pas encore vu. Il m'a promis de m'envoyer le plan du chateau ou est né notre invincible Henri IV. Il s'ennuie de sa vie errante et voudroit que M. d'Aine le fixat à Limoges dans quelque emploi . ce que je desirerois autant que lui ». 11 avril 1777.

« J'ai reçu une lettre du pauvre Beaumeny, qui m'annonce qu'il a eté assez bien accueilli et applaudi a Pau, ou il a fait le rôle d'Harpagon dans *l'Avare* ». 20 mai 1777.

« Beaumenil le comedien vient enfin de renoncer a ce desastreux metier. La misere l'a reconduit avec sa femme dans notre ville, ou il est venu reclamer mon appui et ma bourse pour retirer ses effets. Il faut lui procurer une place : c'est a quoi je travaille. M. l'Intendant est bien intentionné pour lui, et l'abbé Vitrac m'a promis de lui procurer des ecoliers pour le dessin et pour les elements de geometrie. S'il peut obtenir quelque chose en cette ville, il est resolu de ne pas s'en eloigner, et, dans ce cas, nous ferons une bonne acquisition ». 29 aoust 1777.

« Le pauvre Beaumeny, que j'ai fait entrer par le secours de M. l'Intendant dans les Ponts et Chaussées, a sa femme tres malade, qui le retient auprès d'elle, de sorte qu'il ne peut encore travailler et gagner quelque chose ». 5 septembre 1777.

(1) Ces lettres sont adressées au fils de M. de Lépine, qui était aux gardes du corps. Elles ont été données aux Archives départementales de la Haute-Vienne par feu M. le chanoine Tandeau de Marsac.

« M. des Combes, cet officier réformé que vous vîtes autrefois a la maison, venant de Châlus, et a qui vous trouviez de l'esprit, en a certainement beaucoup. Il espere venir s'etablir a Limoges (1) et vous rendre depositaire de tout son savoir. Pour vous donner des preuves de sa bonne volonté, il vous adresse par mon moyen une lettre pour un de ses amis a Paris. Vous la trouverez ci jointe et, en allant la porter, vous aurez soin de n'etre point en uniforme, mais en habit bourgeois. Je l'ai engagé a dejeuner d'une tasse de chocolat. Apres l'avoir expediée, Beaumenil est arrivé. Ces deux hommes, qui ne s'etoient jamais vu, se sont pris de gout, et M. des Combes a proposé a Beaumenil de lui graver des elemens de genie militaire qu'il a eu la permission de faire imprimer. Ce sont des sociétés que je vous menage a votre retour et avec lesquelles vous pourrez vous eclairer et vous instruire ». 16 septembre 1777.

« La fortune du pauvre Beaumenil paraît vouloir changer. M. Bertin lui a fait demander son age et le catalogue de ses recherches. Il paroit vouloir l'employer a continuer ce grand ouvrage et a lever toutes les antiquités de France ». 4 juin 1779.

Les notes de M. Lecler rappellent que M. de Lépine avait un frère religieux à l'abbaye de Saint-Martin. Cette particularité expliquerait les bonnes relations de Beaumenil avec la communauté des Feuillants.

Dans le *Corpus inscriptionum*, tome XII, p. 86 et 87, on trouve un article spécial consacré à Beaumesnil :

« Petrus de Beaumesnil, histrio...... quanquam potissimum titulis Aquitanicis describendis vel potius fingendis vacavit, etiam in provinciæ Narbonensis oppidis, Arelate, Nemausi, Uceliæ more suo et inscriptiones sinceras fœde interpolavit, et novas impudentissime et imperitissime confinxit. Servatur hujus syllogæ pars male ordinata et dissoluta apud Alexandrum Lenoir, professorem Parisinum, ex qua nonnulla, possessore comiter permittente, meum in usum descripsit Alfredus Schœne; nam ut totius ferraginis Beaumesnilianæ excutiendæ negotium infructuosum et tœdii plenum in se susciperet, ab amico maximis occupationibus distento impetrare nolui, prœsertim cum Beaumesnilianæ fraudes a Tersano descriptæ ex parte redeant in codice Parisino, etc.

On voit que les écrivains de notre siècle n'ont pas été plus tendres en latin qu'en français à l'endroit de Beaumesnil : sur le compte du comédien archéologue, les jugements sont unanimement défavorables et ils paraissent sans appel.

(1) Il y vint en effet, et y ouvrit le premier cours public professionnel, pour les adultes, dont nous ayons trouvé trace à Limoges. Ce cours, annoncé pour le mois de janvier 1778, avait lieu dans une salle du Collège, les dimanches et fêtes, de dix heures à midi. Il était gratuit. M. Descombes devait y enseigner « le dessin et la géométrie » pour les « tailleurs de pierre, maçons, menuisiers, charpentiers ». Nous ignorons quels furent le succès et les résultats de cette innovation.

www.ingramcontent.com/pod-product-compliance
Lightning Source LLC
Chambersburg PA
CBHW070311230526
45470CB00002B/818